Anselm Grün

Herzensruhe

HERDER / SPEKTRUM

Band 5023

Das Buch

Wonach sich Menschen wirklich sehnen, ist innere Ruhe, Seelenfrieden, Einklang mit sich selber. Unfähigkeit zur Ruhe, fehlende Gelassenheit, das rastlose Unglück, seelische Leere sind häufig die Realität. Sie haben, so der erfahrene Therapeut und Seelsorger Anselm Grün, nicht nur äußere Gründe. Sie haben letztlich spirituelle Wurzeln. Aber auch die Hinweise zum Besseren, zur tieferen Heilung, können spirituellen Spuren folgen, wie sie die Tradition kennt. Denn die Tradition weiß um jenes „Land der Ruhe“ (Hebr 3,11), das von den modernen Menschen wiederzuentdecken ist. Anselm Grün übersetzt jenen Strang der Weisheit der alten Mönche für heutige Menschen, einer Weisheit, die hilft, innere Zerstreuung zu vermeiden und zu erfüllter Gegenwartswahrnehmung zu gelangen. Um die Grundhaltung des Vertrauens geht es ihm, um eine in der Daseinszuversicht begründete Sorglosigkeit. Grün entdeckt Jesu Aufruf zur Ruhe neu, erschließt seine Aufforderung zum Ablegen der Last ganz aktuell als Ablegen der Last der Erziehung, der Gewohnheit, der Selbstbestrafung, der Schuldgefühle, der Ängste als Befreiung von der Verkettung ans Selbst und als Fähigkeit zur Selbstannahme. Die Erfahrung der Herzensruhe – im Mönchtum Voraussetzung der Verankerung des Menschen in Gott – wird im Kontext heutiger Erfahrung zur Anwendung gebracht: als ein Weg, seine eigene Mitte, innere Sicherheit und eigenes Maß, Gelassenheit und Freiheit zu finden, als Ruhe im Handeln und Tun – in allen Konflikten des Lebens – und letztlich als Fähigkeit, mit der tiefsten eigenen Sehnsucht in Berührung zu kommen. Anselm Grüns Buch beschreibt solche Wege zum Raum der Stille und Ruhe im eigenen Leben. Er stellt sie dar als Chancen spirituellen Wachstums und menschlicher Reifung im Alltag: Meditation und leibhaften Ausdruck, inneres Gespräch der Selbstwahrnehmung und ordnende Rituale, Achtsamkeit, Fasten, Gebet und Fest. Ein Buch, das in allem Spuren hin zu einer in Gott begründeten Ruhe zeigt, in dessen Nähe wir die tödliche Flucht vor uns selber beenden können und in dem unser unruhiges Herz letztlich Ruhe finden kann – nicht erst im Tod, sondern hier und jetzt, mitten im Leben. Der moderne Seelenführer zu einem tieferen Leben.

Der Autor

Anselm Grün OSB, geb. 1945, leitet die Verwaltung der Benediktinerabtei Münsterschwarzach. Geistlicher Berater und Kursleiter – für Meditation, tiefenpsychologische Auslegung von Träumen, Fasten und Kontemplation. Zahlreiche Publikationen zu spirituellen Themen. Bei Herder/Spektrum in vielen Auflagen „50 Engel für das Jahr“ (Band 5003).

Anselm Grün

Herzensruhe

Im Einklang mit sich selber sein

Herder
Freiburg · Basel · Wien

Gedruckt auf umweltfreundlichem,
chlorfrei gebleichtem Papier

Originalveröffentlichung

Herstellung: Freiburger Graphische Betriebe 1998
Umschlaggestaltung: Joseph Pölzelbauer
Umschlagbild: János Mattis Teutsch, fiore spirituale, 1921, olio su carta,
New York, Galleria Paul Kovesdy
ISBN: 3-451-05023-4

Inhalt

Dem Schatten nicht davonlaufen
Einleitung

„Es war einmal ein Mann, den verstimmte der Anblick seines eigenen Schattens so sehr, der war so unglücklich über seine eigenen Schritte, daß er beschloß, sie hinter sich zu lassen. Er sagte zu sich: Ich laufe ihnen einfach davon. So stand er auf und lief davon. Aber jedesmal, wenn er seinen Fuß aufsetzte, hatte er wieder einen Schritt getan, und sein Schatten folgte ihm mühelos. Er sagte zu sich: Ich muß schneller laufen. Also lief er schneller und schneller, lief so lange, bis er tot zu Boden sank. Wäre er einfach in den Schatten eines Baumes getreten, so wäre er seinen eigenen Schatten losgeworden, und hätte er sich hingesetzt, so hätte es keine Schritte mehr gegeben. Aber darauf kam er nicht."

Auf die Idee, sich einfach in den Schatten eines Baumes zu setzen, kommen viele Menschen heute nicht. Sie laufen lieber vor sich davon wie der Mann in der Geschichte, die uns Dschuang Dse überliefert hat. Doch wer vor seinem Schatten davonläuft, der läuft sich zu Tode. Er kommt nie zur Ruhe. Das ist wohl die Situation vieler Menschen, die sich heute schier zu Tode laufen, nur weil sie Angst haben, ihrem eigenen Schatten zu begegnen, sich in den weniger angenehmen Seiten anzuschauen. Sie wollen ihrem Schatten entkommen. Aber dadurch kommen sie in eine Ruhelosigkeit, die sich oft genug dann in Herzproblemen äußert. Nicht umsonst zählen die Herz-Kreislauf-Krankheiten heute mit zu den häufigsten Todesursachen. Wenn das Herz nie zur Ruhe kommt, wird es überfordert, dann kann es nur irgendwann den Dienst versagen. Es sind vorwiegend Männer, die am Herzen erkranken. Bei manchen ist das Herz kerngesund. Aber sie haben trotzdem Angst, ihr Herz würde aussetzen und sie würden sterben. Herzprobleme haben oft mit Angst zu tun. Man läuft vor etwas davon. Das Herz symbolisiert vor allem die Gefühle. Häufig sind es die nicht zugelassenen und verdrängten Emotionen wie Liebe und Haß, die Herzprobleme verursachen, beim einen Herzrhythmusstörungen, beim andern Herzanfälle. Weil man dem Herzen zu entfliehen sucht, meldet es sich ständig zu Wort und zwingt einen, sich mit ihm zu beschäftigen. Bei manchen spricht man von Herzneurose. Sie sind fixiert auf ihr Herz und leben ständig in der Angst, es könne aussetzen. Herzkranke machen oft einen verbissenen Eindruck. Sie gleichen dem Mann in der Geschichte. Sie können nicht ausruhen und genießen. Sie können sich nicht in den Schatten eines Baumes setzen. Daher spricht man ja von der typischen Managerkrankheit. Man muß immer etwas Wichtiges tun. Sich mit dem eigenen Schatten zu beschäftigen wäre für sie Kinderkram. So plagen sie sich lieber mit ihren Herzkrankheiten herum.

Der Weg der Herzensruhe, wie er vor allem im frühen Mönchtum beschrieben worden ist, ist heute hochaktuell;

denn die Ruhelosigkeit ist eine Zeitkrankheit geworden. Unzählige Menschen klagen darüber, daß sie nicht zur Ruhe kommen. Die frühen Mönche wissen aus eigener Erfahrung, daß man nicht einfach zur Ruhe kommt, wenn man weniger arbeitet. Die Herzensruhe zu finden ist ein langer Weg, der über die ehrliche Selbsterkenntnis und Selbstbegegnung letztlich zu Gott führt, in dem unser unruhiges Herz nach dem berühmten Wort des hl. Augustinus allein zur Ruhe kommen kann. Es ist ein anspruchsvoller Weg, den die Mönche beschreiben, aber zugleich ein einladender Weg, weil er uns verheißt, in die Sabbatruhe Gottes schon hier und jetzt, mitten im Trubel unserer Welt, einzugehen und sie zu genießen. So möchte ich in diesem Buch immer wieder die Erfahrungen der Mönche zu Wort kommen lassen, nicht nur, weil ich selbst aus dieser Mönchstradition schöpfe, sondern weil ich glaube, daß sie auch für unsere Zeit nicht nur Lehr-, sondern auch Lebemeister sind. Ich beziehe mich dabei vor allem auf Evagrius Ponticus, den wichtigsten Schriftsteller aus dem östlichen Mönchtum (345–399), und auf Johannes Cassian (um 360–430/435), der in die ägyptische Wüste zog, um die Erfahrungen der dortigen Mönche für den Westen fruchtbar werden zu lassen. Und ich schöpfe aus der Regel Benedikts (um 480–547), nach der ich selber als Mönch lebe und die seit dem Mittelalter auch für viele Weltleute Wegweiser zum Leben geworden ist. Die Grundlage, auf die sich die Mönche seit jeher bezogen haben, ist die Heilige Schrift. So möchte ich die Worte der Heiligen Schrift meditieren, die uns die Herzensruhe verheißen. Jesus selbst hat offensichtlich die Not der Menschen in ihrer Angst und Ruhelosigkeit gesehen und lädt sie deshalb ein, bei ihm wahrhaft Ruhe zu finden.

Das Thema der Ruhelosigkeit habe ich in letzter Zeit in vielen Seelsorgsgesprächen beobachtet. Da höre ich immer wieder die Klage, daß man einfach nicht zur Ruhe komme. Da sind die vielen Sorgen, die einem die Ruhe rauben, sogar die Nachtruhe. Man kann nicht schlafen, weil man sich Sorgen macht um die Kinder, die psychische Probleme haben, die ganz andere Wege gehen, als man sich das in der Erziehung gedacht hat. Da ist die Sorge um die finanzielle Lage der Familie. Die Arbeitslosigkeit läßt einen nicht mehr ruhig schlafen. Denn wenn die so weitergeht, dann kann der Vater die Familie nicht mehr ernähren, dann kann er das Haus nicht mehr abzahlen. Da sind die vielen Sorgen, die man sich täglich macht, die Sorge, was die andern wohl von einem denken, ob man auch alles richtig macht, ob man mit seinem Verhalten auch ja nicht aneckt. Man zergrübelt sich den Kopf damit, was die andern sich über einen für Gedanken machen. Manchmal ist dieses Sorgen schon krankhaft geworden. Da geht eine Frau in ein Geschäft zum Einkaufen. Die Verkäuferin ist heute nicht so freundlich. Vermutlich hat sie nicht gut geschlafen. Aber sofort bezieht die Frau es auf sich selbst. Den ganzen Tag überlegt sie, was der Verkäuferin an ihr wohl aufgefallen sei, was sie wohl von ihr halte, ob sie sich da irgendwie blamiert habe, ob sie etwas Falsches gesagt habe. Sie ruft ihre Freundin an und erzählt ihr, was sie erlebt hat. Und schon wird die kleine Begebenheit, die gar keinen realen Grund hat außer der eigenen Sorge um einen guten Ruf, zum beherrschenden Thema, von dem die Frau einfach nicht mehr loskommt.

Vor allem Menschen, die eine verantwortliche Stelle innehaben, klagen darüber, daß sie nicht zur Ruhe kommen. Ständig wollen die Menschen etwas von ihnen. Und sie überlegen, ob sie immer richtig reagiert haben, ob die Entscheidungen, die sie getroffen haben, wohl dem Unternehmen dienen oder ob sie in die falsche Richtung weisen. Wenn sie abends heimkommen und sich nach Ruhe sehnen, kommen sie doch nicht zur Ruhe, weil sie einfach nicht abschalten können. Sie fahren in Urlaub und finden keine Ruhe. Ständig nagt ihr Gewissen, ob alles, was sie getan haben, wirklich in Ordnung war und welche Folgen es für sie haben könnte. Weil sie innerlich nicht zur Ruhe kommen, nützt ihnen der beste Urlaub nichts. Gestreßt und verspannt kehren sie aus dem Urlaub zurück, und die gleiche Tretmühle geht weiter. Irgendwann einmal brechen sie dann überfordert zusammen.

Andere kommen nie zur Ruhe, weil sie letztlich Angst davor haben, einmal nichts zu tun. Sie haben Angst, in der Stille und in der Ruhe mit der eigenen Wahrheit konfrontiert zu werden. Wenn ich nichts habe, an dem ich mich festhalten kann, dann könnte ja die ganze Enttäuschung über mein Leben hochkommen, dann könnte ich ja entdecken, daß mein Leben gar nicht mehr stimmt, daß mein ganzer Einsatz für die andern in der Luft hängt. Ich mache nur so weiter, um meiner Verzweiflung aus dem Weg zu gehen. Aber eigentlich glaube ich nicht mehr daran, daß das, was ich tue und was ich lebe, noch einen Sinn habe. Alles ist leer. Vor dieser Leere laufe ich davon. Oder mein Gewissen könnte sich zu Wort melden. Schuldgefühle könnten aufsteigen. Davor habe ich Angst. So laufe ich vor der Stille und vor der Ruhe davon. Das Schlimmste, das mir passieren könnte, wäre, einmal der eigenen Wahrheit begegnen zu müssen. Weil ich das unter allen Umständen vermeiden möchte, muß ich immer etwas tun, mich immer mit etwas beschäftigen. So wird auch die freie Zeit zum Streß. Ich stopfe die Leere auch in der Freizeit zu mit unzähligen Aktivitäten. Solche Menschen, die ihrer Wahrheit ausweichen, sind ständig auf der Flucht vor sich selbst. Und dann klagen sie darüber, daß sie so gestreßt sind. Sie machen sich den Streß selbst. Sie können nicht zur Ruhe kommen, weil sie es im Grunde ihres Herzens gar nicht wollen, weil eine tiefsitzende Angst sie ständig herumtreibt.

Der Unfähigkeit, zur Ruhe zu kommen, entspricht die Sehnsucht des heutigen Menschen, endlich einmal abschalten und ruhig werden zu können. Kurse, die Wege zur inneren Ruhe verheißen, sind überfüllt. Man erwartet von psychologischen Methoden oder von körperlichen Entspannungstechniken, daß man endlich auch die innere Ruhe findet, nach der man sich sehnt. Ruhe kann man aber nicht durch äußere Entspannungstechniken erzeugen. Sie ist Ergebnis eines spirituellen Weges. Die frühen Mönche zielten darauf ab, den Menschen in die Ruhe Gottes zu führen.

Hesychia, das war das große Wort, das die Mönche fasziniert hat. Ja die Mönchsbewegung wurde sogar schon seit dem 3. Jahrhundert Hesychasmus genannt, Weg zur inneren Ruhe. Die Ruhe, von der die Mönche schreiben, ist allerdings nicht die königlich-bayerische Bierruhe, in der man sich von niemandem stören lassen will. Solche Bierruhe, in der man von allen in Ruhe gelassen werden möchte, ist eher ein sattes und starres Sich-Einlullen in einen Bierrausch, der von der Realität nichts mehr wahrnehmen möchte. Es geht den Mönchen um eine Ruhe, in der das Herz zur Ruhe kommt, in der sich die Angst beruhigt, in der man Erquickung und Regenerierung erfährt. Die Ruhe ist letztlich Erfahrung der ewigen Sabbatruhe, die Gott uns zugedacht hat. Wer Gott im Gebet und in der Meditation erfährt, der wird innerlich wie äußerlich ruhig, der kommt zu sich selbst, der kommt in Einklang mit sich selbst. Der spirituelle Weg der Mönche ist für mich zugleich ein therapeutischer Weg. Die therapeutische Weisheit, die in ihren Anweisungen steckt, wird heute von vielen Psychologen neu entdeckt. Es ist für sie ein hochaktueller Weg, den wir heute genauso zu gehen vermögen wie die Menschen damals, allerdings nur dann, wenn wir ihre Weisheit auch in unsere Sprache übersetzen.

So möchte dieses Buch den Leser einladen, sich unter den Schatten des Baumes zu setzen, den Gott selbst uns bereitet. Gott selbst lädt uns ein, daß wir uns im Schutz seiner Flügel bergen dürfen (vgl. Ps 61,5). Er ist der Fels, in dessen Schatten wir Ruhe finden. In der Geborgenheit der göttlichen Liebe können wir es wagen, unsern Schatten auszuhalten, ohne zu erschrecken. Der Schatten „seiner Flügel“ nimmt unserem Schatten das Bedrohliche. Bei Gott sich bergen, bei Gott Heimat und Ruhe finden, in Gott zur Ruhe kommen, das ist wohl auch heute in unserer ruhelosen Zeit eine Verheißung, der es lohnt nachzuspüren.

I.

Ursachen der Ruhelosigkeit heute

Warum sind die Menschen heute so ruhelos? Wenn wir danach fragen, so lassen sich viele Ursachen ausmachen. Da gibt es äußere Ursachen, wie etwa die wirtschaftliche Situation oder das soziale Umfeld. Und es gibt psychische Ursachen, die dem Menschen die Ruhe rauben. Die Psychologen sprechen von neurotischer Ruhelosigkeit. Manchmal hat die innere und äußere Unruhe auch in der eigenen Lebensgeschichte ihren Grund, in traumatischen Erfahrungen, die den Menschen nicht zur Ruhe kommen lassen. Und es gibt eine krankhafte Ruhelosigkeit, die nur vom Arzt und Psychiater behandelt werden kann. Eine angemessene Zeitanalyse zu erstellen, übersteigt meine Kompetenz. Ich möchte nur ein paar Beobachtungen und Gedanken darlegen, die aus meiner Erfahrung an der Unfähigkeit zur Ruhe schuld sind. Dabei kann ich mich nicht auf Untersuchungen stützen, sondern nur auf die vielen Gespräche, die ich bei meinen Kursen immer wieder geführt habe. Aber ich hoffe, daß auch dieser begrenzte Erfahrungshorizont einige typische Zeitphänomene deutlich werden läßt.

1.
Das soziale und wirtschaftliche Umfeld

Da ist einmal der wirtschaftliche Druck, unter dem heute viele Menschen leiden, vor allem die Verantwortlichen in den Betrieben. Der Wettbewerb wird im Zeitalter der Globalisierung immer härter. So kann sich der Firmenchef nicht bequem in den Sessel setzen, er muß ständig auf der Hut sein, daß er keine Marktanteile verliert, daß seine Bilanzen stimmen, daß er auf die Bedürfnisse der Zeit richtig reagiert. Und diese Bedürfnisse wechseln heute mit einer Geschwindigkeit, daß sich eine Firma nicht mehr auf den Erfolgen von gestern ausruhen kann. Sie muß immer wieder nach neuen Wegen suchen, um heute bestehen zu können. Die vielen Sitzungen, die die Manager von einem Termin zum andern treiben, leiden alle an Kurzatmigkeit. Es ist nicht die große Perspektive, die heute gefragt ist, sondern der schnelle Erfolg, ohne Rücksicht, was die Folgen für die Schöpfung und für die Menschen im Betrieb auf Dauer sind. Auch in Führungsseminaren wird auf diesen kurzfristigen Erfolg gesetzt. Das führt aber dann zu einem ständigen Umbauen der Firma, zu einem ständigen Rollenwechsel der Mitarbeiter, zu immer neuen Fortbildungsmaßnahmen. Aber vor lauter Umbauen der Strukturen kommen die Menschen nicht zur Ruhe, kann man nicht mehr mit Ruhe arbeiten.

Der kurzfristige Erfolg wird erkauft durch die Unzufriedenheit der Mitarbeiter und durch ihre psychische und physische Ausbeutung. Die Ruhelosigkeit der Verantwortlichen setzt sich fort in einer hektischen Atmosphäre in der Firma. Der Druck wird nach unten weitergegeben. Oft scheint der Druck nur Ausdruck der Ratlosigkeit zu sein, die die Leiter umtreibt. Die Geschäftigkeit ist nur eine Scheinlösung. Man meint, damit eine angemessene Antwort auf die Probleme unserer Zeit zu geben. Aber da man nicht die Ruhe findet, wirkliche Lösungen zu finden, erzeugt man nur immer mehr Ruhelosigkeit bei allen Mitarbeitern. Immer weniger wissen einen Ausweg aus dem Teufelskreis der Hektik.

Dazu kommt eine äußere Mobilität, die unsere Gesellschaft prägt. Wer heute Arbeit finden will, muß mobil und flexibel sein. Er muß bereit sein, öfter seinen Wohnsitz zu wechseln. So aber kann er nirgends einwurzeln und nirgendwo zur Ruhe kommen. Man braucht nur einmal den Verkehr auf den Autobahnen zu beobachten, um die Ruhelosigkeit zu erspüren, die unsere Gesellschaft prägt. Zur Mobilität in bezug auf den Arbeitsplatz gehört der Drang, zu allen möglichen Ereignissen fahren zu müssen. Gerade die Freizeit verbringen viele nicht in ihrer Heimat. Sie müssen erst hinaus fahren ins Grüne oder gar in ferne Gegenden fliegen, um Freizeit zu genießen. Aber die Freizeit ist nicht von Ruhe geprägt, vielmehr von Hektik und Unruhe. Da gibt es den Animateur, der die Urlauber ständig auf Trab hält, oder den Entertainer, der uns davor bewahrt, mit uns selbst in Berührung zu kommen. Denn er hält ständig etwas zwischen uns und unsere Seele. Da verkommt die Freizeit zu einem ständigen In-Bewegung-Sein. Und so kommen die Urlauber nicht erholt nach Hause, sondern gestreßt. Das letzte Stück Erholung, das sie vielleicht mitbringen, geht in den Rückreisestaus auf den Autobahnen verloren.

Geschäftigkeit als Ausdruck der Ziellosigkeit

Wenn ich einmal im Urlaub durch die Fußgängerzone Münchens gehe, so erlebe ich da nur geschäftige Menschen. Sie eilen von einem Geschäft zum andern. Ja selbst die Touristen scheinen voller Hektik zu sein. Mark Twain meint, die Geschäftigkeit unserer Zeit sei Ausdruck der Ziel- und Orientierungslosigkeit: „Als sie das Ziel aus den Augen verloren, verdoppelten sie ihre Anstrengung." Wer ein Ziel vor Augen hat, der geht konsequent darauf zu, ohne sich ständig anzutreiben. Wer das Ziel nicht mehr kennt, der versucht, seine innere Leere mit Aktivismus auszufüllen. Er kommt sich wichtig vor, weil er soviel zu tun hat. Er will sich beweisen, daß sein Leben sinnvoll ist. Er ist doch ständig mit Wichtigem beschäftigt. Doch wenn er es genauer anschaut, ist es oft Luft, mit der er sich beschäftigt. Mit seiner Beschäftigung möchte er nur die Leere überdecken, die hinter seiner Hektik als gefährlicher Abgrund lauert. Paul Virilio hat diese Erfahrung in die Worte gekleidet: „Die Geschwindigkeit ruft die Leere hervor, die Leere treibt zur Eile." Je geschäftiger einer ist, desto mehr entsteht in ihm eine Leere. Und diese

Leere versucht er wiederum, mit hektischer Betriebsamkeit zu füllen. So entsteht ein Teufelskreis, aus dem er nicht mehr ausbrechen kann. Unsere Zeit ist von diesem Teufelskreis von Hetze und Leere gekennzeichnet. Manchmal hat man den Eindruck, daß unsere Politik das Ziel aus den Augen verloren habe und deshalb so hektisch jeden Tag andere Lösungsmöglichkeiten präsentiere.

Die Ziellosigkeit und Orientierungslosigkeit zeigt sich auch in unserem Freizeitverhalten. Anstatt alte Kirchen anzuschauen oder die schöne Landschaft zu genießen, wird der Erlebnisurlaub organisiert. Man hetzt die Menschen von Event zu Event. Animateure müssen die Urlauber ständig beschäftigen. Hier wird deutlich, daß Hetze von Haß kommt, daß die Animateure die Leute „hassen machen", daß so ein Urlaub nichts Menschenfreundliches ist, sondern Ausdruck des tiefen Menschenhasses, der sowohl Urlauber wie Organisatoren bestimmt. Je zielloser man ist, desto mehr treibt man einander in die Hetze, desto mehr hindert man sich daran, den Augenblick zu genießen. Urlaub kommt eigentlich von „Erlauben". Im Urlaub sollten wir uns erlauben, die Muße zu genießen. Muße ist das Gegenteil von Hetze, in die der Animationsurlaub treibt. Muße ist Zustimmung zum Sein, Sich-Versenken in die Wirklichkeit, einfach Dasein, ohne Druck, sich beschäftigen zu müssen.

Pascal Bruckner, ein französischer Philosoph, hat den heutigen Menschen gekennzeichnet als „den hyperaktiven

Nichtstuer, der immer in Alarmbereitschaft ist, bereit zum Erstürmen des Amüsierbabel“ (63). Früher war die Muße Privileg der Begüterten, heute scheint „die Arbeit zum letzten Refugium der Elite zu werden“ (ebd.). Die absolute Ruhe scheint heute nichts Erstrebenswertes zu sein, sondern eine Strafe. Freizeit ist heute nicht „jener wesenhafte Friede in den Tiefen des Seins, den Paul Valéry pries. Sie zeichnet sich durch die Unmöglichkeit aus, nichts zu tun. Überall Eile, Presse, Alarm im Dienst der größten Lächerlichkeiten: im Fernsehen die Tyrannei der Uhr, gelenkt von Werbenotwendigkeiten ... Selbst in den Augenblicken der Entspannung bleibt der moderne Mensch ‚ein Arbeiter ohne Arbeit‘ (Hannah Arendt).“ Er wird zum unruhigen Müßiggänger, der unfähig ist, seine Hektik zu lassen und die Ruhe zu genießen. Nicht die Sehnsucht nach Ruhe prägt die heutige Freizeitindustrie, sondern die Flucht vor der Ruhe in die Betriebsamkeit. Bruckner nennt die heutige Freizeit „die Kunst, den Wind zu umarmen, verkleidet als Überanstrengung“. Und schon Kurt Tucholsky schreibt davon, daß unsere Zeit „den zappelnden Nichtstuer“ erfunden habe. Der zappelnde Nichtstuer prägt unsere heutige Freizeitindustrie.

Maßlosigkeit

Eine wichtige Ursache für die Ruhelosigkeit unserer Zeit ist die Maßlosigkeit, die alles beherrscht. Diese Maßlosigkeit zeigt sich in der Werbung, die uns dazu anstachelt, immer noch mehr zu kaufen, immer wieder Neues auszuprobieren. Die Werbung spricht unsere maßlosen Bedürfnisse an, unser Bedürfnis nach immerwährendem Glück, nach sofortiger Befriedigung, nach Geborgenheit und Erfolg. Hinter der Maßlosigkeit der Werbung steht ein ganz bestimmtes Selbstbild, das wir haben, das Bild eines Menschen, der alles kann, für den es keine Grenzen gibt, der alles im Griff hat. Der maßlose Mensch bläht sich auf. C. G. Jung spricht von Inflation. Er versteht darunter den Menschen, der keine Grenze mehr anerkennt, der meint, alles sei machbar. Er wird unruhig, sobald er an seine Grenze stößt. Und er versucht der Grenze aus dem Weg zu gehen, indem er seine maßlosen Bedürfnisse befriedigt. Aber sobald ein Bedürfnis befriedigt ist, taucht schon das nächste auf. So kommt er nie zur Ruhe.

Die Maßlosigkeit bestimmt auch unsere Produktion. Wir müssen immer mehr produzieren, ohne Rücksicht darauf, ob die Produktion überhaupt sinnvoll ist. Wir müssen immer schneller fahren, immer mehr in weniger Zeit vollbringen. Wir müssen immer weiter in Urlaub fahren. Wir müssen immer teurere Autos kaufen. Es ist wie ein Zwang, unter dem viele Menschen stehen. Sie können das, was sie haben, nicht genießen. Weil sie die Mitte verloren haben, weil sie ihr Maß vergessen haben, können sie sich nur an den andern messen. Sie müssen besser abschneiden als die andern. So werden sie von den Bedürfnissen der anderen bestimmt, anstatt das Maß anzunehmen, das für sie stimmt. Nur wer maßvoll ist, kann auch Ruhe finden. Nur wer sein Maß kennt, kann auch nein sagen zu den Bedürfnissen, die man ihm aufdrängt.

Lärm als Ruheverhinderer

Selbst der Mensch, der sich nach Ruhe sehnt, wird heute vom Lärm der Umwelt daran gehindert, die Stille zu genießen. Überall umtönt ihn Lärm, der Verkehrslärm, der Lärm in den Betrieben, der Lärm der Medien. In manchen Häusern kann man im Sommer die verschiedensten Fernseh- und Hörfunkprogramme auf einmal hören. Aus jeder Wohnung tönt ein anderer Sender. Leute, die in der Nähe einer befahrenen Kreuzung wohnen, können ihre Fenster noch so dicht schließen – der Lärm wird sie überallhin verfolgen. Da gibt es Menschen, die gerne in aller Stille arbeiten. Aber die Kollegin am Schreibtisch, der Mitarbeiter an der Baustelle redet in einem fort. So kommt zur Arbeit noch der Streß der vielen Worte dazu, die den ganzen Tag auf einen einströmen. Es gibt so viele Menschen, die die Stille nicht aushalten. Und sie rauben sie auch denen, die sie gerne suchen. Da möchte einer schweigend spazierengehen, aber der Begleiter redet ununterbrochen. Auf diese Weise kann man die wunderschöne Landschaft gar nicht bewundern. Man ist ständig mit Nichtigkeiten beschäftigt. Andere kommen nach der Arbeit kaum nach Hause, da geht schon der Fernseher oder das Radio an. Sie brauchen eine Geräuschkulisse. Sie verdeckt ihre Unfähigkeit, mit sich selbst allein zu sein und zur Ruhe zu kommen.

Hetze und Selbsthaß

Neben dem Lärm ist es vor allem die Hektik, die uns daran hindert, zur Ruhe zu kommen. Immer wieder höre ich die Klage, wir würden in einer hektischen Zeit leben. Die Hektik im Beruf, in der Familie, in der Umwelt nehme immer mehr zu. Das Wort Hektik kommt eigentlich aus der medizinischen Fachsprache. Es leitet sich vom griechischen „hexis" her, das Haltung und Zustand bedeutet. Ein hektisches Fieber ist eigentlich ein langdauerndes, chronisches Fieber. Erst im 20. Jahrhundert hat das Wort hektisch die Bedeutung bekommen: „fieberhaft, aufgeregt, von krankhafter Betriebsamkeit, sprunghaft, gehetzt". Offensichtlich ist das Aufgeregtsein heute eine chronische Krankheit, ein Zustand, der die Gesellschaft prägt. Viele klagen heute über die Hektik im Berufsleben. Da wird jede Minute verplant. Da wird man, ohne daß man es will, zur Hetze getrieben. Hetze kommt eigentlich von Haß. Der Haß treibt zur Verfolgung. Wir werden in die Hetze gejagt, wir werden zur Eile angetrieben. Es ist ein sehr aggressiver Ton in den beiden Wörtern „Hektik" und „Hetze". Aber das Leben ist heute von dieser aggressiven Grundstimmung geprägt. Da erlauben wir uns gar nicht mehr, auszuruhen, das Leben zu genießen. Der Chef treibt uns zur Arbeit an. Und er selbst wird angetrieben von denen, die ihn verfolgen. Das können andere Firmen sein, das kann aber auch sein eigener Verfolgungswahn sein, sein eigener Ehrgeiz, der ihn nicht zur Ruhe kommen läßt. Hektik ist also von Haß geprägt, von

Haß auf die andern, denen man das Leben nicht gönnt, die man zu immer höheren Leistungen und zu mehr Tempo antreibt. Hetze läßt aber immer auch auf einen Haß auf sich selbst schließen. Man hetzt sich selber, weil man böse ist auf sich, weil man sich selbst haßt, weil man das Leben haßt. Man stöhnt über die Anforderungen von außen, aber man setzt sich selbst ständig unter Druck. Wenn man genauer nachfragt, warum man sich so unter Druck setzt, dann wird man auf eine tiefe Selbstablehnung stoßen. So wie man ist, ist man nicht gut, kann man sich nicht lieben. Man haßt sich so, wie man ist. Deshalb muß man mehr aus sich machen, in der Hoffnung, daß man sich dann lieben kann. Aber diese Hoffnung ist leer. Sie wird nie erfüllt, weil der Hektik und dem Haß etwas Maßloses innewohnt.

Hektik und Hetze führen aber nicht zu der größeren Leistung, die man erwartet. Im Gegenteil, je hektischer wir arbeiten, desto mehr Fehler machen wir, und desto blinder werden wir für die eigentlichen Lösungen. Hektik verhindert eine gediegene Leistung, die Bestand hat. Hektik führt immer nur zu kurzfristigen Lösungen und zu Arbeitsergebnissen, die nicht zufriedenstellen. Wenn ich gehetzt einen Tisch schreinere, wird er nicht so lange halten, wie wenn ich ihn achtsam und behutsam fertige und mich an ihm freuen kann. Wenn ich eins nach dem andern tue, kommt mehr dabei heraus, als wenn ich hektisch bald nach diesem oder jenem Ordner greife, wenn ich wie ein gehetztes Wild von Besprechung zu Besprechung eile. Mir erzählen Verantwortliche in der Wirtschaft, wie sie unzufrieden sind über die Hektik, die sie ständig antreibt. Sie haben selbst das Gefühl, daß dabei nichts herauskommt. Aber sie haben nicht die innere Ruhe, um dieser Hektik auszuweichen. Sie ist wie ein Fieber, das um sich greift. Wer sich ihm entzieht, hat das Gefühl, daß er sich außerhalb des Clubs der Erfolgreichen stellt. Und davor haben viele Angst. Denn das wichtigste Paradigma unserer Zeit scheint zu sein, dazuzugehören. Wenn ich in der Ruhe aussteige aus dem Kreislauf der Hektik, dann gehöre ich nicht mehr zu den Streßgeplagten. Vom Streß geplagt zu sein scheint wie ein Imagesymbol zu sein, mit dem sich jeder gerne schmückt, obwohl er im Grunde unter solchem Schmuck leidet, ja oft sogar zusammenbricht.

Man hat den Eindruck, daß heute die Geduld fehlt, etwas wachsen zu sehen. Man muß sofort Erfolge sehen. Man muß sofort Bedürfnisse erfüllen. Man läßt sich nicht mehr die Zeit, dem Wachsen einer Blume oder eines Baumes zuzusehen. So wird in manchen Firmen viel Wind fabriziert. Aber es wächst nichts, was Bestand hat. Die gleiche Ungeduld kann man bei der Erziehung der Kinder beobachten. Man kann es kaum aushalten, wenn Kinder einmal eine Krise durchmachen. Man gerät in Panik und meint, man müsse die Krise sofort wieder in Griff bekommen. Unsere Politik ist von Kurzatmigkeit geprägt. Täglich werden neue Lösungsmöglichkeiten angepriesen, die aber schon am gleichen Tag widerrufen werden. Je schneller man Lösungen möchte, desto mehr lähmen sich die verschiedenen Parteien, und es geschieht gar nichts. Die Hektik gebiert leeres Stroh.

Der Hektiker arbeitet effektiv weniger als der, der mit Ruhe und Gelassenheit an die Arbeit geht. Wir hatten in unserem Kloster einen Maurer. Wenn man dem zuschaute, dachte man, der läßt sich aber Zeit, der arbeitet ganz gemächlich. Aber wenn man abends die Quadratmeter nachrechnete, die er an Fliesen verlegt hatte, so staunte man, daß er wesentlich über dem Durchschnitt lag. Ein anderer machte immer den Eindruck, daß er überbeschäftigt sei. Aber am Abend konnte er auf wenig effektive Leistung zurückblicken. Ein Mitbruder erzählte mir von zwei Mönchen einer Abtei, die er vor seinem Eintritt öfter besucht hatte. Der eine jammerte schon bei der Begrüßung, daß er soviel zu tun hätte und daher nur ganz wenig Zeit habe. Er blieb aber dann doch eine Stunde. Aber immer hatte man das Gefühl, daß er gar nicht ganz dabei war. Er erzählte mehr von sich und seiner vielen Arbeit und hatte kaum ein Ohr, wie es denn dem andern erginge. Der andere Mitbruder kam freudig zur Begrüßung und teilte ihm mit, daß er heute 20 Minuten Zeit für ihn habe. In diesen 20 Minuten war er so präsent und hörte so aufmerksam zu, daß der Besucher das Gefühl hatte, er wäre nur für ihn da. Und die Zeit fühlte sich viel länger und erfüllter an als die eine Stunde, die der hektische Mitbruder da war.

2. Psychische Ursachen der Ruhelosigkeit

Häufig hat die Ruhelosigkeit psychische Ursachen. Da gibt es die Unruhe des Menschen, der etwas verdrängt und vor einem Konflikt davonläuft. Da gibt es die Ruhelosigkeit, die den Beginn einer Depression anzeigt. Man kann nicht mehr schlafen. Man kann es nicht mehr in einem Zimmer aushalten. Immer muß man hin und her laufen und etwas tun. Man kommt einfach nicht mehr zur Ruhe. Da gibt es krankhafte Ruhelosigkeit, die nur der Arzt und Psychologe heilen kann. Und da gibt es viele Vorformen neurotischer Unruhe. Die psychisch Kranken führen uns nur deutlich vor Augen, was wir alle irgendwie auch kennen. Denn jeder kennt das Phänomen, daß er vor etwas davonläuft, daß er einfach nicht zur Ruhe kommt, daß ihn etwas umtreibt, ohne daß er sagen kann, was es ist. Oft entschuldigen wir uns dann damit, daß wir halt gerade viel zu tun haben. Aber unsere Umwelt bekommt es oft mit, daß wir so hektisch sind, daß wir unsere Mitte verloren haben. Sie signalisiert es uns, daß wir einmal etwas für uns tun müßten. Aber wir weigern uns meistens, in unserer Psyche nach den Ursachen zu suchen. Wir erklären unsere Unruhe mit der äußeren Situation, in der wir stehen. Aber wenn die Unruhe zu einer Dauerhaltung wird, sollten wir doch in uns hineinhorchen und fragen, was die tiefste Ursache dafür ist.

Psychisch kranke Menschen sind oft von einer großen Ruhelosigkeit geprägt. So macht man gerade bei Magersüchtigen die Beobachtung, daß sie ruhelos sich immer beschäftigen müssen, sich oft völlig für andere verausgaben. Der Grund dafür ist – so sagt die Psychologie – oft Triebabwehr. Sie haben Angst vor ihren Trieben und suchen vor ihnen davonzulaufen, indem sie sich immer beschäftigen. Andere werden von ihren Trieben in die Unruhe getrieben. Es gibt neurotische Formen der Ruhelosigkeit, und es gibt Psychosen, die sich in starker Unruhe ausdrücken. Manisch-depressive Menschen sind in ihrer manischen Phase von rastloser Hektik bestimmt. Eine Depression kündet sich oft durch Ruhelosigkeit und Schlaflosigkeit an. Menschen können tagelang nicht mehr schlafen. Sie kommen einfach nicht mehr zur Ruhe. Überall wo sie sind, zergrübeln sie sich den Kopf. Sie regen sich über die Menschen in ihrer Umgebung so stark auf, daß sie davon nicht mehr loskommen. Bei der Arbeit, beim Gebet, beim Spaziergang, überall werden sie von den ärgerlichen Gedanken über ihre Umwelt zermürbt. Sie können nicht mehr abschalten. Sie haben keine Distanz mehr zu ihrer Umwelt. Die Umwelt bekommt absolute Macht über sie und treibt sie um. So geraten sie völlig aus dem Gleichgewicht. Sie verlieren den Anker und werden wurzellos. So irren sie ohne Ziel herum und werden krank. Mit dem Willen allein kann man die Krankheit der Ruhelosigkeit nicht bezwingen. Da muß man die Ursachen anschauen, die Distanzlosigkeit, die Unfähigkeit, in der eigenen Mitte zu sein, sich selbst zu spüren. Man definiert sich von außen. Man wird von außen bestimmt, getrieben, zermartert.

Daneben gibt es andere Formen von Ruhelosigkeit, die nicht von einer Krankheit zeugen, die aber dennoch psychische Ursachen haben. Für die griechische Philosophie waren es die Affekte, die den Menschen die Ruhe rauben. Wenn einer nicht angemessen umgeht mit seinen Affekten, wird er von ihnen getrieben. Die alten Mönche haben die griechische Lehre von den Affekten weitergeführt zu ihrer Auffassung von den neun Logismoi. Logismos heißt wörtlich: Berechnung, Erwägung, Überlegung, Betrachtung. Evagrius Ponticus, der die acht bzw. neun Logismoi am ausführlichsten beschrieben hat, versteht darunter gefühlsbetonte Gedanken, Leidenschaften, Triebe und Emotionen. Wenn wir sie einfach gewähren lassen, hindern sie uns daran, zur Ruhe zu kommen, unsere Mitte und unseren Seelenfrieden zu finden. Die Lehre von den neun Logismoi wurde später zur Lehre von den acht Lastern und schließlich von den sieben Hauptsünden. Aber ursprünglich war sie nicht moralisierend gemeint, sondern psychologisch. Sie wollte die Ursachen erforschen, warum wir nicht zur Ruhe kommen, warum wir nicht ohne Zerstreuung beten können. Die Lehre von den neun Logismoi hat offensichtlich auch das Enneagramm beeinflußt, das heute so modern geworden ist. So könnte diese alte Lehre auch heute ein gutes Raster abgeben, um die Ursachen für unsere mangelnde Fähigkeit zur Ruhe zu beschreiben.

Getrieben von den Trieben

Evagrius teilt die neun Logismoi in drei Gruppen ein, die er jeweils dem begehrlichen (epithymia), dem emotionalen (thymos) und dem geistigen (nous) Bereich im Menschen zuordnet. Der begehrliche Bereich ist von den drei Grundtrieben geprägt: Essen, Sexualität und Besitzstreben. Manche können Ruhe nicht aushalten. Sie müssen immer etwas essen. Sie stopfen die innere Leere zu. Sie stehen immer wieder auf und suchen im Kühlschrank nach etwas Eßbarem. Für viele besteht das Abendritual heute darin, daß sie vor dem Fernseher sitzen und nebenbei immer etwas essen. Offensichtlich kann das Fernsehen sie nicht zerstreuen. Sie brauchen auch noch etwas zu knabbern, um ihre Ruhelosigkeit zuzustopfen. Andere werden von ihrer Sexualität getrieben. Sie sind nicht bei sich. Wenn sie eine schöne Frau sehen, geht ihre sexuelle Phantasie mit ihnen durch. Sie stürzen sich nicht in die Ruhelosigkeit, um ihre Triebe abzuwehren, wie es die Magersüchtigen tun, sondern sie werden von ihrer Sexualität in die Unruhe getrieben. Sie können nicht ruhig durch die Stadt gehen. Sie müssen sich ständig sexuell aufpeitschen lassen. Frauen erzählen mir, wie sie sich oft abends in der S-Bahn oder U-Bahn belästigt fühlen von Männern, die offensichtlich nichts anderes im Sinn haben als Sex. Sie schauen nach Frauen aus, die sie reizen, setzen sich neben sie und fummeln an ihrem Penis herum. Es wirkt peinlich, wenn ein Mensch nur noch von seiner Sexualität beherrscht wird und nichts anderes mehr denken kann. Solche Menschen sind ruhelos. Sie können sich selbst nicht fühlen. Sie brauchen immer einen Reiz von außen. Sie können Sexualität nicht genießen, sondern sind ihrem Sexualtrieb ausgeliefert.

Ähnlich ist es mit der Habgier, die einen nie zur Ruhe kommen läßt. Man kann sich nicht an dem freuen, was man hat, sondern schaut ständig nach dem aus, was man noch brauchen könnte. Tagelang treibt es einen um, ob man nicht das oder jenes kaufen sollte. Doch sobald man es gekauft hat, kann man sich gar nicht mehr darüber freuen. Da geht schon das nächste Bedürfnis an, das einen wieder nicht in Ruhe läßt, bis man es durch Kaufen erfüllt hat. Manche werden regelrecht von einer Kaufsucht getrieben. Etwas zu besitzen ist durchaus nichts Schlechtes. Die Sehnsucht nach Besitz entspringt letztlich der Sehnsucht, in Ruhe und Sicherheit leben zu können. Besitz ist die Verheißung von Ruhe. Aber viele werden von ihrem Besitz besessen. Sie werden dazu getrieben, immer mehr zu besitzen. Weil sie in sich nicht genügend Reichtum haben, suchen sie den Reichtum außen.

Allen drei Grundtrieben ist es eigen, daß sie uns in die Sucht treiben können, wenn wir nicht aktiv mit ihnen umgehen. An und für sich sind die Triebe nicht schlecht. Wie das Wort sagt, treiben sie uns an, etwas zu tun. Eigentlich wollen sie uns zum Leben treiben. Essen will uns zum Genießen treiben, Sexualität zur Lebendigkeit und Besitz zur Ruhe. Die Bibel versteht diese Grundtriebe des Menschen letztlich als Antreiber auf Gott hin. Im eucharistischen Mahl werden wir eins mit Gott. Die Beziehung zu Gott wird in einer erotischen Sprache beschrieben. Der wahre Besitz, der uns Ruhe bringt, ist die kostbare Perle, die in uns ist, das wahre Selbst, das Bild, das Gott sich von uns gemacht hat. Aber wir lassen uns oft genug davon in die Sucht treiben, in die Eßsucht, die Drogensucht, die Trinksucht, in die Sexsucht, die Kaufsucht, die Spielsucht, die Habsucht. Sucht ist immer verdrängte Sehnsucht. Weil wir uns unserer Sehnsucht nicht stellen, die in den drei Trieben zum Ausdruck kommt, werden wir süchtig. Und der Süchtige sucht vergebens nach der Erfüllung seiner Bedürfnisse. Er wird von seiner Sucht beherrscht.

Von Emotionen durcheinandergeschüttelt

Auch die drei Logismoi des emotionalen Teiles können in die Unruhe treiben. Die Mönche nennen die drei Emotionen: Traurigkeit, Zorn und Lustlosigkeit (Akedia). Es gibt aber sicher noch viele andere Emotionen, die das menschliche Herz verwirren und es an der Ruhe hindern. Da ist die Traurigkeit, die sich in Selbstmitleid oder Depression äußern kann. Man kann seine Situation nicht bejahen, man trauert seinen nicht erfüllten Illusionen nach. Man schwimmt im Selbstmitleid. Cassian übersetzt das griechische Wort lype, das Evagrius als „Niedergeschlagenheit der Seele“ beschreibt, mit tristitia, Trübsinn, „finsterer Ernst, Trist-Sein, resignative Verstimmung, deprimiertes

Mürrisch-Sein". Die Traurigkeit hat mit Schwermut und Depression zu tun. Depressionen künden sich oft durch eine übertriebene Unruhe an. Man kann es nicht mehr bei sich aushalten. Manchmal steigert sich die Unruhe dann in Schlaflosigkeit. Man kann nicht mehr abschalten. Man ist zwar ständig müde, aber es gelingt einfach nicht, einzuschlafen. Man wird von so vielen negativen Gedanken gequält, daß man nicht zur Ruhe kommt. Heute leiden viele Menschen an Schlaflosigkeit. Die Formen der Schlaflosigkeit sind verschieden. Manche können nicht einschlafen, weil ihnen soviel im Kopf herumgeht. Andere kommen einfach nicht ins Bett. Sie tun noch irgend etwas Belangloses, aber sie können sich nicht aufraffen, alles loszulassen und sich schlafen zu legen. Andere schlafen zwar ein, aber schon nach kurzer Zeit wachen sie wieder auf und quälen sich dann die ganze Nacht damit ab, daß sie nicht mehr schlafen können. Oft sind es Inhalte des Unbewußten, die sich zu Wort melden. Man hat sie zu lange verdrängt. Jetzt verschaffen sie sich in der Ruhelosigkeit Gehör. Manchmal sind es die Auseinandersetzungen des Alltags, die einem dann nachts hochkommen. Da erinnert sich ein Geschäftsführer an die Konflikte mit seinem Chef. Er grübelt nach und wiederholt innerlich das Gespräch, das er während des Tages mit seinem Chef geführt hat. Aber es führt nicht weiter. Das Grübeln geht im Kreis herum. Er wälzt sich von einer Seite auf die andere und muß morgens gerädert und unausgeschlafen wieder aufstehen.

Cassian beschreibt, wie aus der Traurigkeit vier Haltungen entstehen: „grobes, unfreundliches Wesen (rancor), Kleinmut (pusillanimitas), Verbitterung (amaritudo), Verzweiflung (desperatio)". Diese vier Haltungen münden schließlich im Zorn, der nach Evagrius der Traurigkeit folgt. Der Zorn, die Bitterkeit, die Unzufriedenheit sind typische Formen der Ruhelosigkeit. Da verletzt mich jemand. Ich kann die Verletzung nicht loslassen, die kränkenden Worte nicht vergessen. Ich führe ständig Selbstgespräche und komme nie zur Ruhe. Oder ich habe mich geärgert. Auch wenn ich abends allein in meinem Zimmer bin, tauchen diese ärgerlichen Gedanken immer wieder auf. Ich kann einfach nicht abschalten. Ich komme nicht zur Ruhe. Die negativen Gedanken und Gefühle peinigen mich. Ich kenne eine Frau, die überall in ihrem Dorf das Negative sieht. In der Kirche stimmt nichts mehr. Der Fußballverein nimmt ihre Kinder in Beschlag und überfordert sie. Mit der Nachbarin gibt es Streit. Mit allen Menschen gibt es nur Streit. Ob sie bügelt oder einkauft, immer verfolgen sie die Gedanken, daß alle gegen sie sind. Sie kommt von ihrem Ärger einfach nicht los. Sie hat Angst, verrückt zu werden. Sie spürt, daß es so nicht weitergehen kann. Sie hat keine Distanz, sie kann nicht unterscheiden zwischen den Menschen, die Probleme haben, und sich selbst. Sie kann die andern nicht draußen lassen. So steigert sie sich in eine Unruhe hinein, die für sie bedrohlich wird. Obwohl es nach außen hin keine schlimmen Verhältnisse sind, macht sie sich das Leben so schwer, daß sie es nicht mehr alleine schafft.

Manchmal ist es auch eine innere Unzufriedenheit, die mich daran hindert, zur Ruhe zu kommen. Ich lehne mich gegen alles auf, kann mich auf nichts einlassen, nichts wirklich genießen. Mit nichts bin ich zufrieden. Selbst wenn etwas gelingt, finde ich ein Haar in der Suppe. Oder wenn mir andere etwas Gutes tun, finde ich genügend Gründe, es zu kritisieren. Ich spüre, daß ich es nicht lange neben solchen Menschen aushalten kann, die immer nur Unzufriedenheit verbreiten. Neben solchen Menschen, die in sich zerrissen sind, ist es nur sehr schwer, seine innere Ruhe zu bewahren. Vor ihnen muß man sich schützen und sie ihrer eigenen Unzufriedenheit überlassen. Manche schimpfen ständig vor sich hin und rauben sich damit die Ruhe. Andere sind zwar nach außen still, aber in ihrem Innern tobt der Kampf der Gedanken und Gefühle. Es ist wie ein Vulkan, auf dem sie sitzen. Jeden Augenblick kann er platzen, sobald noch jemand kommt und ihnen Anlaß gibt, sich zu ärgern.

Akedia – die Unfähigkeit, zur Ruhe zu kommen

Die typische Beschreibung der Unruhe finden wir in den Überlegungen der Mönche zum Logismos der Akedia. Akedia ist für Evagrius Ponticus der schlimmste Dämon, der den Menschen innerlich auseinanderreißt. Akedia ist die Unfähigkeit, im Augenblick zu sein, sich auf das einzulassen, was gerade ist. Evagrius schildert einen Mönch, der vom Dämon der Akedia angefochten wird, recht humorvoll.

Der Mönch sitzt in seiner Zelle. Aber er hält es dort nicht aus. Er schaut ständig zum Fenster hinaus, ob vielleicht nicht doch jemand zu Besuch kommt. Er schimpft auf die hartherzigen Mitbrüder, die heute wieder nicht an ihn denken. Dann schaut er zum Himmel, ob es nicht bald Zeit zum Essen ist. Er rebelliert gegen Gott, der die Sonne heute so langsam wandern läßt. Dann liest er ein wenig in seiner Bibel. Aber dabei wird er müde und schläfrig. So nimmt er die Bibel als Kopfkissen, um zu schlafen. Dann ärgert er sich, daß das Kopfkissen so hart ist. Er steht wieder auf und rebelliert gegen alles. Evagrius meint, er wird weinerlich wie ein kleines Kind, weil es nicht bekommt, was es haben will, wobei es gar nicht genau weiß, was es überhaupt haben möchte. Als ich diese Schilderung des Evagrius in einem Kurs vorgetragen habe, meinte eine Frau, ich würde genau ihren Mann schildern, wenn es draußen neblig sei. Da könne sie es noch so gemütlich machen, eine Kerze anzünden oder Musik auflegen. Da nützt nichts. Da ist der Mann unruhig, wandert von einem Raum in den andern und rebelliert gegen alles, was gerade ist, gegen das Wetter, gegen Gott, gegen die Politiker, gegen die Kirche, gegen die Frau, gegen die Kinder, gegen den Beruf. Alles ist gegen ihn. Nicht umsonst nennt Cassian die Akedia taedium (Widerwille, Überdruß). Die Akedia erzeugt im Menschen den horror loci (Widerwillen gegen den Ort, an dem man gerade ist). Immer möchte man woanders sein. Wenn man arbeitet, möchte man am liebsten nichts tun. Wenn man nichts zu tun hat, wird es einem auch langweilig. Man kann sich weder auf das Gebet noch auf die Arbeit, noch auf das Nichtstun einlassen. Und man kann nicht einmal das Nichtstun genießen. Akedia ist die Unfähigkeit, sich auf den Augenblick einzulassen und ganz gegenwärtig zu sein. Aber immer sind die anderen daran schuld, daß es einem nicht gut geht. Wenn der Mitarbeiter nicht so schwierig wäre, ginge es mir besser. Wenn mein Haus nicht so dunkel wäre, würde ich mich wohler fühlen. Wenn mein Strumpf nicht so eng wäre, wäre ich nicht so unzufrieden. Man rebelliert gegen alles, gegen die Menschen, mit denen man lebt, gegen den Ort, an dem man wohnt, gegen das Wetter, gegen das Fernsehprogramm, gegen die Kleider, die man gerade trägt, ja gegen den eigenen Leib, der nicht so ist, wie man es gerne hätte. Das ist heute auch eine weitverbreitete Seuche, die Pascal Bruckner in seinem Buch „Ich leide, also bin ich" treffend beschrieben hat. Es ist die Sucht der Victimisierung. Ich bin immer Opfer. Schuld sind immer die anderen. So aber kommt man nie zur Ruhe.

Von der Wortbedeutung her heißt A-kedia eigentlich „Mangel an Sorgetragen". Denn kedos meint „Sorge, Trauer, Leid um etwas Verlorenes". Wucherer-Huldenfeld übersetzt die Akedia daher mit „wesenhaftem Mangel an Sorge um das eigene Selbstsein und Dasein miteinander, dem Mangel an liebendem Sorgetragen". Und Josef Pieper meint, Akedia dürfe man nicht mit Trägheit übersetzen. Vielmehr sei damit gemeint, „daß der Mensch nicht mitarbeite an der Verwirklichung seiner selbst; daß er sich weigere, den erforderlichen Beitrag zu leisten zu dem selbsteigenen, wahrhaft menschlichen Dasein". Evagrius nennt die Akedia auch Atonia der Seele. Sie ist Spannungslosigkeit und Erschlaffung. Der Mensch hat die gesunde Spannung (die Eutonia) verloren. Er ist formlos und spannungslos. Er fällt innerlich wie äußerlich auseinander. Er irrt umher. Seine Bewegungen sind fahrig. Das Heilmittel gegen die Akedia ist daher die Sorgfalt in allem, was man tut. Die Sorgfalt erzeugt wieder eine gesunde Spannung im Menschen, die Eutonia.

Cassian stellt einen Katalog von Haltungen auf, die aus der Akedia folgen: „Müßiggang (otiositas), Schläfrigkeit (somnolentia), schlechte Laune (importunitas), Unruhe (inquietudo), Herumvagabundieren (pervagatio), Wankelmütigkeit (instabilitas mentis et corporis), Gerede (verbositas), Neugier (curiositas)". Damit beschreibt er wohl treffend die Haltung vieler Menschen heute. Die ersten drei Haltungen stellen die Weigerung dar, sich auf etwas einzulassen. Der Müßiggang meint nicht wahre Muße (otium), die Fähigkeit, ganz im Augenblick zu sein und das Dasein zu genießen, sondern die Weigerung, sich in der Arbeit fordern zu lassen. Man genießt nicht die Muße, sondern man geht müßig und lustlos herum, man ist ein „zappelnder Nichtstuer" (Tucholsky). Die Schläfrigkeit stellt sich immer dann ein, wenn einen etwas innerlich angehen sollte. Man schaut sich einen Film an, aber man schläft ein, anstatt sich anrühren zu lassen. Die schlechte Laune ist eine Rebellion gegen alles, was ist. Die fünf anderen Haltungen folgen aus dieser Rebellion. Man ist ständig unruhig. Man vagabundiert herum. Man ist immer beschäftigt, aber nie tiefer bei einer Sache. Die übertriebene Aktivität will nur die darunter liegende Depression überspielen. Die Psychologie spricht hier von „larvierter Depression", die sich in einer psychosomatischen Krankheit ausdrücken kann oder eben in einer übertriebenen Hektik. Die Unruhe zeigt sich nicht nur in ständiger Aktivität, sondern auch in der Unfähigkeit, sich mit seinem Geist auf eine Sache einzulassen, etwas bis zum Ende durchzudenken, ein Buch zu Ende zu lesen und bei einem Thema zu bleiben. Und die Unruhe zeigt sich in den Körperbewegungen, die nicht aus der Mitte heraus geschehen, sondern fast wie automatisch anmuten, fahrig, hektisch, zerrissen.

Gerede und Neugier sind heute zwei weitverbreitete Ausdrucksformen der Akedia. Gerede ist das Gegenteil von Gespräch. Man hört nicht zu. Es kann sich kein wirkliches Gespräch entwickeln. Ständig wechselt man das Thema. Man spricht immer nur über Belangloses, am liebsten über andere, um von sich selbst abzulenken. Wucherer-Huldenfeld nennt die verbositas „einen tiefgreifenden Sprachverfall". Der Mensch „erfährt sein Inneres als leer, dumpf und stumm; er hat nichts Wesentliches zu sagen und verbirgt diesen Zustand durch immer lauter werdendes Gerede. Das Gerede erweckt den Anschein, über alles Bescheid zu wissen sowie höchster Interessiertheit und ist doch bodenlos." Im Gerede scheint man mit andern in Beziehung zu sein. Aber in Wirklichkeit drückt sich darin nur die Beziehungsunfähigkeit aus. Aber selbst dieser Unfähigkeit zu wirklicher Beziehung stellt man sich nicht, sondern weicht ihr aus im oberflächlichen Gerede. Zu welchem Sprachverfall das Gerede führt, zeigen die heute weitverbreiteten Talkshows. Da wird die Fähigkeit des Menschen zum Gespräch ad absurdum geführt. Da redet man aneinander vorbei. Da wird der andere zwar zum Reden animiert. Aber die Zeit wird ihm vorgegeben und oft genug auch die Gedanken. Da kann sich nichts entwickeln. Da wird alles neue Denken sofort wieder zerstört. Es geht nur um Effekthascherei, aber nicht um ein wirkliches Gespräch.

Zum Gerede gehört die Neugier, die Martin Heidegger in „Sein und Zeit“ treffend beschrieben hat. Im Anschluß an Augustinus kennzeichnet er die Neugier als „ein spezifisches Unverweilen beim Nächsten“, als „zerstreute Aufenthaltslosigkeit“. Die Neugier sucht „das Neue nur, um von ihm erneut zu Neuem abzuspringen. Nicht um zu erfassen und um wissend in der Wahrheit zu sein, geht es“, sondern darum, von einem zum andern zu hüpfen, wobei eigentlich alles gleichgültig ist und einen nichts wirklich angeht. Viele sitzen mit dieser Neugierde vor dem Fernseher. Sie hüpfen von einem Programm zum andern, möchten überall einmal hineinschauen, aber sie werden immer unfähiger, sich einen Film zu Ende zu sehen, eine Diskussion bis zum Schluß mitzumachen. Man möchte alles und hat am Ende nichts in der Hand.

Von den Gedanken hin und her gerissen

Noch weniger als die Gefühle lassen sich die Gedanken beruhigen, die im Kopf herumschwirren. Solange sie im Kopf sind, kommen wir nie zur Ruhe. Die Gedanken lassen sich nicht so leicht abstellen. Sie können sich verselbständigen. Manche zergrübeln sich mit ihnen ununterbrochen den Kopf und kommen nie zur Ruhe. Die Mönche nennen hier als die drei geistigen Logismoi: Ruhmsucht, Neid und Hybris (Stolz). In der Ruhmsucht geht es darum, daß wir ständig darüber nachdenken, was die andern von uns denken. Wir stehen innerlich ohne Unterlaß auf der Bühne und überlegen uns, was wir wohl tun und sagen müßten, damit wir gebührend beklatscht werden. Die Ruhmsucht ist gepaart von einer ständigen Angst vor der Meinung der andern. Wir haben Angst, den Erwartungen unserer Umgebung nicht gerecht zu werden. Wir überlegen ängstlich, ob die andern wohl unsere Fehler und Schwächen entdecken. Wir können nicht mit innerer Ruhe in eine Gesellschaft gehen. Wir setzen uns selbst unter Druck, daß wir auch eine gute Figur machen, daß wir von allen gesehen werden. Wir sind von außen gesteuert. Und solange wir in der Hand der anderen sind, sind wir immer hin und her gerissen, leben wir nie aus unserer eigenen Mitte.

Die Ruhmsucht tritt heute vor allem als Perfektionismus auf. Wir haben Angst, einen Fehler zu machen. Wir haben den Anspruch, fehlerlos zu sein. Die Ursache dieses Perfektionismus liegt häufig in der Kindheit, daß wir unseren Wert nur durch Leistung und Fehlerlosigkeit erkaufen konnten. Auf dem Hintergrund des Perfektionismus steht die tiefsitzende Angst vor der eigenen Wertlosigkeit. Man möchte seinen Wert beweisen, indem man immer mehr arbeitet. Aber selbst wenn man einmal gelobt wird, ist es einem zu wenig. So tut man immer mehr, weil die Sehnsucht nach Bestätigung maßlos ist. Man hat nie genug mit der Anerkennung, die man bekommt. So arbeitet man sich zu Tode und findet doch nie den inneren Frieden.

Viele möchten ihre Angst überwinden, weil sie sie immer und überall verfolgt. Aber wenn sie ihre Angst frontal bekämpfen, werden sie sie nie überwinden. Sie werden ständig auf sie fixiert bleiben. Wir müssen uns den Ursachen unserer Angst zuwenden. Und ein zentraler Grund für unsere Angst liegt in einer falschen Lebenseinstellung, in einer lebensverneinenden Grundannahme, wie es die kognitive Verhaltenstherapie ausdrückt. So eine zerstörerische Grundannahme könnte sein: „Ich darf keinen Fehler machen, sonst bin ich nichts wert. Ich darf mich nicht blamieren, sonst werde ich abgelehnt." Wer von solchen Grundannahmen bestimmt wird, kann nicht ruhig seine Arbeit verrichten oder aus seiner Mitte heraus den Menschen begegnen. Er wird von den Gedanken der Angst gequält. Auch wenn er abschalten möchte, verfolgen ihn diese Gedanken. Er überlegt sich, ob er bei der Arbeit auch alles richtig gemacht habe oder ob da irgend jemand einen Fehler nachweisen könnte. Nach einem Gespräch kann er sich nicht in Ruhe zurücklehnen. Er wiederholt innerlich das Gespräch und zergrübelt sich den Kopf, was denn nun der andere von ihm denken könnte, ob er hinter manchen Bemerkungen seine Problematik, seine neurotische Struktur entdecken könnte. Die Angst verfolgt uns wie ein Schatten und läßt uns nie zur Ruhe kommen.

Neid und Eifersucht hindern uns auf ähnliche Weise an der Ruhe wie die Angst. Der Neid führt dazu, daß wir uns ständig mit andern vergleichen. Wir können nicht bei uns bleiben und das genießen, was uns geschenkt worden ist. Wir sind mit unseren Gedanken immer beim andern, beziehen unseren Wert aus dem Vergleich mit andern. Man braucht nur den Stammtischgesprächen oder dem Kaffeeklatsch in den Arbeitspausen zuzuhören. Da wird ununterbrochen über andere hergezogen. Andere müssen entwertet werden, um sich selbst aufzuwerten und um an den eigenen Wert glauben zu können. Da kann man den andern nicht so stehen lassen, wie er ist. Wir müssen unseren Kommentar dazugeben. Dieses ständige Über-andere-Reden ist heute ein typisches Kennzeichen unserer Unruhe. Auch wenn wir äußerlich nicht über andere reden, so sind unsere Gedanken doch in einem unaufhörlichen Gespräch über sie. Unser Herz kommt nie zur Ruhe.

Wer von Eifersucht gequält wird, der weiß, wie sie ihm die Ruhe rauben kann. Wenn die Ehefrau oder der Ehemann, die Freundin oder der Freund einen Besuch macht, ist der ganze Abend voll von eifersüchtigen Gedanken. Man überlegt, wie dieser Besuch wohl aussehen wird, ob da mehr dahinter ist, ob sie oder er über mich redet, ob sie an diesem Mann oder ob er an dieser Frau Gefallen findet, ob da mehr daraus entstehen könnte. Wir versuchen, uns die Gedanken zu zerstreuen, indem wir uns vor den Fernseher setzen. Aber auch da kommen die eifersüchtigen Gedanken nicht zur Ruhe. Wir gehen ins Bett. Aber wir können nicht einschlafen, weil wir uns in der Phantasie ausmalen, was da alles geschehen könnte. Um die Eifersucht nicht zuzugeben, weil sie unser großartiges Selbstbild zerstört, steigern wir uns in ärgerliche Gedanken über den Freund oder die Freundin hinein. Wir denken uns Sätze aus, wie wir ihn bzw. sie verletzen könnten, wie wir uns rächen könnten. Auf einmal entdecken wir, welche Mördergrube unser Herz ist, wie wir da nicht mehr Herr im eigenen Haus sind, sondern von unzähligen masochistischen und sadistischen Gedanken gequält werden. Sie rauben uns die Ruhe, lassen uns nicht schlafen, hindern uns daran, uns über den Abend zu freuen, an dem wir endlich einmal allein sind. Das Alleinsein wird zur Qual. Wir martern uns selbst mit eifersüchtigen Gedanken.

Die Hybris besteht in der Weigerung, seine eigene Wirklichkeit anzuschauen und sich mit ihr auszusöhnen. Wir halten fest an unserem idealen Selbstbild und verschließen die Augen vor unseren blinden Flecken. Aber wir leben doch ständig in der Angst, daß die andern unsere Fassade durchschauen und unsere Schwächen entdecken könnten. Wir denken uns immer neue Strategien aus, um unsere Schwächen zu verdecken. Aber das ist sehr anstrengend. Vor allem aber geraten solche Menschen durch jede Krise völlig in Panik. Jetzt versuchen sie, voller Unruhe darauf zu reagieren und die Krise wieder in Griff zu bekommen. Es darf unmöglich geschehen, daß die andern meine Krise erkennen, daß sie meine Unsicherheit spüren. So klammere ich mich entweder an einen Guru und verspreche mir von ihm, daß er meine Krise löst. Oder aber ich suche voller Unruhe ständig nach neuen Methoden, um meine Krise in Griff zu bekommen. Vielleicht versuche ich es mit gesunder Ernährung oder mit Joggen oder mit autogenem Training. Das sind alles gute Wege. Doch wenn ich sie aus der Angst heraus gehe, sonst könnten die andern meine Krise erkennen, dann helfen sie mir nicht weiter, dann treiben sie mich vielmehr immer mehr in die Unruhe hinein. Dann möchte ich mit Gewalt die Krise in Griff bekommen und werde doch weiterhin von der Angst getrieben, es dennoch nicht zu schaffen.

In der Hybris möchte ich nicht nur meine Fehler und Schwächen vor den andern verbergen, ich möchte auch vor mir selbst gut dastehen. So versuche ich, meine Schuldgefühle zu verdrängen. Aber ich lebe ständig in der Angst, daß die Schuldgefühle doch hochsteigen und mich quälen könnten. Viele meinen, Schuld sei heute kein zentrales Thema. Doch die Therapeuten erleben in ihren Sprechzimmern, wie viele Menschen von Schuldgefühlen gequält werden. Schuldgefühle sind oft die Ursache für die Ruhelosigkeit. Man ist ständig auf der Flucht vor den eigenen Schuldgefühlen. Denn sie sind unangenehm. Sie zerren mir meine unschuldige Maske vom Gesicht. So muß ich immer neue

Strategien entwickeln, um ihnen aus dem Weg zu gehen. Eine Strategie besteht darin, mich immer zu beschäftigen, damit keine freie Zeit entstehen kann, in der die Schuldgefühle hochsteigen könnten. Viele klagen, daß sie soviel zu tun haben. Aber sie sind selbst schuld daran. Denn aus Angst, ihre Schuldgefühle könnten sich zu Wort melden, müssen sie immer etwas tun. Aber irgendwann werden sich die Schuldgefühle doch bemerkbar machen. Dann beginnt ein zweiter Mechanismus, der Entschuldigungsmechanismus. Man sucht nach immer neuen Gründen, warum man doch nicht schuldig ist, warum man nicht anders handeln konnte, warum der andere eigentlich schuld ist, daß man sich so verhalten hat usw. Aber je mehr wir nach Entschuldigungen suchen, desto mehr verfolgen uns die Schuldgefühle. So müssen wir immer neue Gründe finden, um uns zu entschuldigen. Das ist ein Kreislauf, der uns die innere Ruhe raubt.

Eine andere Strategie, mit seinen Schuldgefühlen umzugehen, besteht in der ständigen Suche nach Anerkennung. Weil man sich in seiner Schuld als unannehmbar erfährt (Paul Tillich), muß man daher das Angenommenwerden von vielen Menschen erfahren. Ich gehe von Seelsorger zu Seelsorger, von Therapeut zu Therapeut, nur um nochmals zu erfahren, daß ich ein guter Mensch bin, wertvoll, liebenswert, daß ich es doch gut meine und mich um ein gutes Leben bemühe. Ich erzähle zwar von meinen Problemen, aber nicht, um sie zu lösen, sondern um von neuem Zuwendung und Bestätigung zu erfahren. Aber auch wenn mich tausend Menschen annehmen und mir ihre Zuwendung schenken, ich habe nie genug. Denn in mir sitzt das nagende Gefühl, doch nicht liebenswert zu sein. Die Schuldangst treibt mich immer weiter dazu, immer wieder von neuem Bestätigung zu suchen. Andere versuchen – wie Drewermann es ausdrückt – ihre Schuld dadurch abzuzahlen, daß sie sich im Dienst an den andern verausgaben, daß sie sich übernützlich zeigen. Das schlechte Gewissen treibt sie dazu, ständig für andere dazusein, nur um die Schuld in sich beruhigen zu können. Aber auch das gelingt ihnen nicht. So werden sie weiter von ihren Schuldgefühlen gejagt.

Ein Sprichwort sagt: „Ein gutes Gewissen ist ein sanftes Ruhekissen." Solange wir ein schlechtes Gewissen haben, kommen wir nie zur Ruhe. Das schlechte Gewissen raubt uns sogar noch den Schlaf. Das schlechte Gewissen hat nicht nur mit unseren Schuldgefühlen zu tun, sondern auch mit den Erwartungen, denen wir uns ausgesetzt sehen. Wir haben ein schlechtes Gewissen, weil wir die Erwartungen der Menschen um uns herum nicht erfüllt haben. Da erwarten die Eltern von ihren Kindern, daß sie gute Noten heimbringen, daß sie noch den oder jenen Fortbildungskurs machen, daß sie noch zur Ballettschule und zur Musikschule gehen. Das sei heute doch so wichtig. Das fördere die Gesundheit und mache in der Gesellschaft angesehen. Oft genug sind die zu hohen Erwartungen selbst schon Ausdruck einer inneren Unruhe. Man kann das Kind nicht so annehmen, wie es ist. Man muß es ständig zu neuen Unternehmungen treiben, aus Angst, es würde sonst nicht mitkommen, oder auch aus der Angst, man könnte sonst im Vergleich mit andern keine so pfiffigen Kinder vorweisen. Wir haben Erwartungen an die andern. Offensichtlich erwarten wir uns von der Erfüllung dieser Erwartungen durch die andern, etwa durch die Kinder, daß es uns dann besser geht. Aber das ist ein Fehlschluß. Weil wir unfähig sind, ja zu sagen zu uns selbst, haben wir tausend Erwartungen an die andern. Die sind schuld, wenn es uns nicht gut geht. Aber selbst wenn sie unsere Erwartungen erfüllen, tauchen in unserem Herzen schon wieder neue Erwartungen auf.

Wir sehen uns aber auch selbst den Erwartungen der andern ausgesetzt. Der Freund erwartet, daß ich ihn anrufe oder besuche. Die Familie erwartet, daß ich genügend Zeit für sie habe. Die Firma erwartet, daß ich mich noch mehr für sie engagiere, daß ich immer für sie verfügbar bleibe. Die kranke Mutter erwartet, daß man sich mehr um sie kümmere. Manche werden von solchen Erwartungen schier aufgefressen. Sie laufen ständig mit einem schlechten Gewissen herum, die Erwartungen nicht zu erfüllen, denen sie sich ausgesetzt fühlen. Manchmal meinen sie allerdings auch nur, daß das oder jenes von ihnen erwartet wird. Letztlich sind es dann die eigenen Erwartungen an sich selbst. Diese Erwartungen entspringen dem Über-Ich. Im Über-Ich haben sich die Stimmen der Eltern verinnerlicht. Da taucht in uns immer wieder die Stimme auf, die uns schon als Kinder unter Druck gesetzt hat: „Sei anständig. Leiste etwas. Sei erfolgreich. Laß dich nicht hängen. Du darfst nicht auffallen. Mache es allen recht. Geh allen Konflikten aus dem Weg. Gib immer nach!" Solche inneren Befehle lassen uns nie zur Ruhe kommen. Ich kenne Menschen, die sich nicht trauen, einmal eine Pause zu machen. Zu laut ist in ihnen die Stimme ihrer Eltern, daß nur der Faulenzer Zeit habe, um Urlaub zu machen. Zum Menschsein gehöre es, immer zu arbeiten, sich immer zu beschäftigen. Ich höre diese Klagen von Hausfrauen, die sich nicht trauen, die Arbeit einmal liegen zu lassen, um ein Buch zu lesen. Da taucht sofort das schlechte Gewissen auf, daß man den Haushalt verschlampen lasse. Ich höre diese Klagen von Ordensfrauen. Eine Schwester erzählte mir, sie sei immer in der letzten Minute zum Gottesdienst gekommen, sonst könnte doch der Eindruck entstehen, daß sie nicht genügend arbeite. Und das war offensichtlich das Schlimmste, was sie sich ausdenken konnte. Der Antreiber, immer zu arbeiten, war in ihr so laut, daß sie sich selbst im Gebet nicht fallen lassen konnte.

Die Erwartungen, die wir an uns selbst haben, sind wohl die größten Antreiber, die uns nie zur Ruhe kommen lassen. Wir erwarten von uns, daß wir perfekt sind, daß wir die Probleme im Beruf oder in der Familie in Griff bekommen. Doch wenn sich gerade die Probleme mit den Kindern nicht einfach mit dem Willen lösen lassen, geraten wir in Panik. Wir fühlen uns als Versager. Wir haben Angst, vor andern zugeben zu müssen, daß unsere Kinder nicht so ideal sind, wie wir das gerne hätten. Unsere eigene Unruhe verbreiten wir dann auch in den Kindern. Anstatt ihnen zu helfen, machen wir sie erst recht nervös. Je mehr wir aus Angst vor unserem eigenen Versagen gute Leistungen von ihnen erwarten, desto weniger können sie sie erbringen. Es entsteht ein Teufelskreis von zu hohen Erwartungen und Enttäuschungen. Die Kinder spüren, daß wir in Panik geraten, wenn sie schlechte Noten heimbringen. Wir können sie nicht aufbauen und ihnen Mut machen. Alle Versuche, ihnen zu helfen, werden scheitern, weil sie unsere eigene Angst und Unruhe erkennen. Dann wissen sie überhaupt nicht mehr, was sie eigentlich tun sollten. Sie möchten bessere Leistungen erzielen, aber unsere Panik überträgt sich so auf sie, daß sie bei der nächsten Schulaufgabe ratlos davor sitzen und alles Erlernte vergessen.

Wir erwarten auch von uns, daß wir unsere Gefühle immer im Griff haben, daß wir immer funktionieren, daß wir unsere Probleme lösen können. Wenn uns die eigenen Emotionen daran hindern, so reibungslos zu funktionieren, werden wir unruhig und überlegen, wie wir uns wieder in Griff bekommen könnten. Statt unsere Gefühle anzuschauen und sie zu befragen, unterdrücken wir sie, damit wir ja nach außen hin als sicher erscheinen. Doch je mehr wir unterdrücken, desto unruhiger wird es in uns. Wir können unsere Probleme nicht zulassen, weil sie unser Selbstbild zerstören. So müssen wir sie unter Verschluß halten und erzeugen in uns einen beständigen Unruheherd. Er würde nur dann zur Ruhe kommen, wenn wir anschauen, was da unter dem Deckel brodelt, wenn wir nicht bewerten, was wir da sehen, sondern uns damit aussöhnen und es annehmen. Nur durch einen liebevollen Blick läßt sich Unruhe beruhigen. Wenn wir etwas mit Gewalt unter Kontrolle bringen wollen, nützt es nichts.

Die vielen psychischen Ursachen für die Ruhelosigkeit des Menschen zeigen, daß die Unruhe nicht allein durch äußere Veränderungen hergestellt werden kann. Nur wer sich in aller Ruhe seiner Unruhe stellt, die Ursachen anschaut und nach Wegen sucht, mit sich selbst in Einklang zu kommen, wird die Ruhe finden, nach der er sich sehnt. Die Unruhe des einzelnen überträgt sich auf die Familie, auf die Firma, auf die Gemeinde, auf die Gesellschaft. Es ist daher kein Luxus, sich der inneren Unruhe zu stellen. Es hat auch Auswirkungen auf die Gesellschaft. Nur wer in sich ruht, kann sich gegen Trends in der Gesellschaft stellen, die ihn in die Unruhe treiben möchten. Und nur wer in sich die Ruhe findet, kann um sich herum eine Atmosphäre der Ruhe schaffen, in der andere auch zur Ruhe kommen können. Ruhe kann genauso gut anstecken wie Unruhe. Wir sind verantwortlich für die Atmosphäre, die wir erzeugen, für Ruhe oder Ruhelosigkeit, für Lust am Leben oder für Hetze und Hektik.

II.

Wege zur Ruhe

Da das Thema der Ruhelosigkeit schon in der Bibel aktuell war, möchte ich im ersten Teil bewußt biblische Wege anschauen, die uns zur Ruhe führen könnten. Der rastlose Wanderer, der Frevler, der keine Ruhe findet, der ruhelos Umherirrende, das sind biblische Bilder für Menschen, die heute genauso zutreffen könnten wie damals. Und die biblische Verheißung, daß Gott selbst dem Menschen Ruhe verschaffen wird, ist nicht ein bloßes Wort. Auf dem Hintergrund der Analyse heutiger Ruhelosigkeit könnten gerade die biblischen Wege hochaktuell sein. Ich möchte mich dabei auf zwei biblische Impulse beschränken, auf Jesu Aufforderung, bei ihm Ruhe zu finden, und auf die Beschreibung der Sabbatruhe im Hebräerbrief. Und ich möchte mich auf die Anweisungen der Mönche stützen, wie die Ruhe in Gott gefunden werden kann. Den Mönchen, die seit dem 3. Jahrhundert die Wüste von Ägypten bevölkerten, war die damalige Welt der ausgehenden Antike zu laut und zu oberflächlich. Sie wollten einen Weg finden, wie sie ohne Zerstreuung beten könnten, wie sie an der Sabbatruhe Gottes teilhaben könnten. In Gott ganz präsent zu sein, mit Gott eins werden können, ohne von Gedanken und Gefühlen hin und her gerissen zu werden, das ist das Ziel des Mönchsweges, wie ihn vor allem Evagrius Ponticus beschrieben hat. Er gilt als der Psychologe unter den Mönchsschriftstellern. Seine Analyse der neun Logismoi und seine Beschreibung, wie wir zu einem Zustand des ungestörten Betens und Ruhens in Gott gelangen können, sind heute genauso aktuell wie damals. Cassian und Benedikt, seine gelehrigen Schüler, haben seine Lehre für die Mönche im Westen übersetzt. Die Bücher Cassians wurden im Mittelalter neben der Bibel am meisten gelesen. Und Benedikt wurde zum Lehrmeister des Abendlandes. Seine Regel hält auch für uns nach wie vor überraschende Einsichten bereit. Seine Zeit war von der Unruhe der Völkerwanderung geprägt und ähnelt in vielem der unsrigen. Daher glaube ich, daß er uns auch heute Wege zu einem gelingenden Leben weisen kann.

1.
Aufruf zur Sorglosigkeit

Nach Martin Heidegger ist der Mensch wesentlich einer, der sich sorgt. Das Dasein ist Sorge. In der Welt sein heißt: sich um sich und seine Existenz sorgen, besorgt sein um sich und für sich selbst sorgen. Die Sorge macht den Menschen unruhig und läßt ihn nirgends ausruhen. Heidegger zitiert die römische Fabel von der Sorge, der Cura:

„Als einst die ‚Sorge' (Cura) über einen Fluß ging, sah sie tonhaltiges Erdreich: sinnend nahm sie davon ein Stück und begann es zu formen. Während sie bei sich darüber nachdenkt, was sie geschaffen, tritt Jupiter hinzu. Ihn bittet die ‚Sorge', daß er dem geformten Stück Ton Geist verleihe. Das gewährt ihr Jupiter gern. Als sie aber ihrem Gebilde nun ihren Namen beilegen wollte, verbot das Jupiter und verlangte, daß ihm sein Name gegeben werden müßte. Während über den Namen die ‚Sorge' und Jupiter stritten, erhob sich auch die Erde (Tellus) und begehrte, daß dem Gebilde ihr Name beigelegt werde, da sie ja doch ihm ein Stück ihres Leibes dargeboten habe. Die Streitenden nahmen Saturn zum Richter. Und ihnen erteilte Saturn folgende anscheinend gerechte Entscheidung: ‚Du, Jupiter, weil du den Geist gegeben hast, sollst bei seinem Tode den Geist, du, Erde, weil du den Körper geschenkt hast, sollst den Körper empfangen. Weil aber die ›Sorge‹ dieses Wesen zuerst gebildet, so möge, solange es lebt, die ›Sorge‹ es besitzen. Weil aber über den Namen Streit besteht, so möge es ›homo‹ heißen, da es aus humus (Erde) gemacht ist.'"

Der Mensch ist also wesentlich einer, der sich sorgt. Sein ganzes Dasein ist von der Sorge für sich selbst bestimmt. Solange er lebt, gehört er der Sorge. Erst im Tode hört die Sorge auf, über ihn zu herrschen. Dann wird er Jupiter bzw. der Erde gehören. Die Römer haben in dieser Fabel zum Ausdruck gebracht, daß alles, was wir tun, von der Sorge geprägt ist. Die Sorge treibt uns an, zu arbeiten, den Lebensunterhalt zu verdienen, die Zukunft abzusichern, den Besitz zu mehren, damit wir endlich einmal ruhig und sicher leben können.

Jesus versteht den Menschen anders. Der Mensch ist nicht zuerst einer, der sich sorgt, sondern einer, der vertraut, der sich im Vertrauen zum Vater, der für ihn sorgt, aufgehoben weiß. In der Bergpredigt fordert Jesus seine Jünger auf, sich nicht zu sorgen:

„Sorgt euch nicht um euer Leben und darum, daß ihr etwas zu essen habt, noch um euren Leib und darum, daß ihr etwas anzuziehen habt ... Wer von euch kann mit all seiner Sorge sein Leben auch nur um eine kleine Zeitspanne verlängern?" (Mt 6,25.27).

Wohl kaum ein anderer Text hat soviel Kritik hervorgerufen wie das Lehrgedicht Jesu von der Sorge. Es sei unverantwortlich, nicht für das Morgen zu sorgen. Ernst Bloch meint, der Text zeige die ökonomische Naivität des Christentums. Die messalianischen Mönche haben diesen Text als Rechtfertigung für ihre Ablehnung der Arbeit genommen. Demgegenüber haben die Mönche in der Nachfolge des Antonios die Arbeit als wesentlichen Teil des geistlichen Lebens gesehen. Was will Jesus mit dieser Aufforderung, uns nicht zu sorgen, uns heute sagen? Rechtfertigt er den alternativen Lebensstil, der dem Bürgertum einen übertriebenen Arbeitsbegriff und eine falsche Rechtfertigung des Besitzes vorwirft? Wie Jesu Worte eine Antwort auf die unruhestiftende Sorge sein kann, die uns heute umtreibt, zeigt ein genauer Blick auf das, was dasteht.

Das griechische Wort für Sorge „merimna" meint das sorgende oder besorgende Sichkümmern um etwas, das Aussein auf etwas, die bange Erwartung von etwas, die Angst vor etwas. Oft hat es auch die Färbung von Bekümmernis, Leid über etwas. Die Griechen sprechen von den quälenden und plagenden Sorgen, denen der Mensch unterworfen ist. Seine Sorge hat immer mit der Angst zu tun. Sie ist Handeln aus Angst, „praktizierte Angst ums Dasein" (Ulrich Luz). Dieses ängstliche Sichsorgen hat Jesus in seinem Lehrgedicht im Sinn. Und er gibt mit zwei Bildern eine Antwort. Mit dem Bild der Vögel, die nicht säen und ernten, hat er die Arbeit des Mannes im Blick. Mit dem Bild der Feldblumen, die nicht spinnen, antwortet er auf die typische Arbeit der Frauen. Beide Arbeiten sind gut. Aber der Mensch kann sich in seine Arbeit hineinsteigern. Statt im Vertrauen auf Gottes Fürsorge zu arbeiten, meint der Mensch voller Angst, alles hänge von ihm ab. Es ist letztlich die Angst, zu kurz zu kommen, nicht genügend zu haben, die ihn umtreibt. Diese Angst verfälscht seine Arbeit. Sie hindert ihn daran, Freude an seiner Arbeit zu haben, voller Lust kreativ zu sein. Arbeit wird dann nur noch zum Ausdruck von Sorge und Angst. Sie treibt den Menschen um und hält ihn in dauernder Unruhe.

Es ist verständlich, daß der Mensch sich ängstlich um sein Leben und seine Zukunft sorgt. Denn sein Dasein in dieser Welt ist gefährdet. Aber die Ungesichertheit seiner Existenz soll ihn nicht in die ängstliche Sorge treiben, sondern in das Vertrauen darauf, daß Gott selbst für ihn sorgt. Jesus mag diese Worte an seine Jünger gerichtet haben, die die Arbeit aufgegeben haben und nun als Wanderprediger ihr Vertrauen auf Gott setzen sollen. Aber schon Matthäus übersetzt diese Worte in die Situation der Gemeinde. Es sind Worte, die uns heute genauso gelten wie damals. Auch für uns gilt der Grundsatz: „Euch aber muß es zuerst um sein Reich und um seine Gerechtigkeit gehen; dann wird euch alles andere dazugegeben" (Mt 6,33). Es geht nicht darum, meine irdische Existenz nicht sinnvoll und verantwortungsvoll zu planen und auch eine gewisse Vorsorge und Absicherung zu schaffen. Aber die Frage ist, worum es mir im Letzten geht. Wenn ich nur um mich und meine Angst kreise, wird mein ganzes Leben von der Sorge aufgefressen, und ich werde voller Unruhe nach immer neuen Wegen der Absicherung Ausschau halten. Der Blick auf das Reich Gottes relativiert meine Sorge. Ich kann mich noch so gegen Diebstahl versichern. Ich kann ihn damit doch nicht verhindern. Ich kann noch soviel in die Lebensversicherung einzahlen. Ich kann damit mein Leben nicht verlängern. Ich habe keine Garantie auf ein gesundes Leben und hohes Alter. Ich bin in Gottes Hand. Das Entscheidende ist, daß Gottes Reich kommt, daß Gott auch in mir herrscht. Wenn Gott in mir herrscht, dann werde ich frei von quälender Sorge, dann befreit mich Gott von den Götzen dieser Welt, an die ich mich ängstlich klammere und die nie Ruhe geben, bis ich ihnen ganz gehöre.

Ängstliches Sorgen verdunkelt den Geist. Ich werde zwar für meine Zukunft sorgen. Aber ich werde nicht vernünftig handeln. Die Angst wird mich zu unsinnigen Ausgaben und Absicherungen treiben. Jesus will uns von der ängstlichen Sorge befreien, damit wir vernünftig die Verantwortung für uns und unsere Familie wahrnehmen. Die Kunst besteht darin, für die Zukunft zu sorgen und zugleich die Sorge immer wieder loszulassen. Ich soll das tun, was in meiner Hand ist, und mich dann vertrauensvoll Gott überlassen. Als Cellerar weiß ich, daß ich eine solide Basis für die finanzielle Situation des Klosters und seiner vielen Arbeitnehmer schaffen muß. Aber wenn mich die Absicherung bis ins Gebet hinein verfolgt, dann stimmt meine Sorge nicht mehr, dann geht es mir nur mehr um mich und nicht mehr um Gott und sein Reich, dann geht es mir nur noch um meine Rechtfertigung vor den Menschen, daß ich gut vor ihnen dastehe, und nicht mehr um Gottes Gerechtigkeit, nicht mehr um das Vertrauen, daß Gott alles recht machen wird.

Man kann die beiden Begriffe „Reich Gottes und seine Gerechtigkeit“ auch noch anders verstehen, und zwar als innere Bilder. Es geht dann darum, daß Gott in meinem Herzen herrscht, daß er mein Herz ausfüllt und es richtig macht. Matthäus bringt das Lehrgedicht über die Sorge im Rahmen der Bergpredigt. Wenn man die Bergpredigt bei Matthäus mit der Feldrede bei Lukas vergleicht, so sieht man, daß Matthäus zwischen die Sätze von der Vollkommenheit bzw. Barmherzigkeit, die uns Gott ähnlich macht, und der Aufforderung, nicht zu richten, das 6. Kapitel setzt. In ihm beschreibt er die drei Ausdrucksformen der jüdischen Frömmigkeit: das Almosengeben, das Beten und das Fasten. Jesus übernimmt diese drei Weisen der Frömmigkeit, aber er verinnerlicht sie. Es geht nicht darum, mit seinen Almosen, mit seinem Beten und mit dem Fasten vor den Menschen gut dazustehen. Das Ziel des Betens ist, die innere Kammer in sich zu entdecken und dort allein mit Gott zu sein. Das Fasten ist keine Bußleistung, sondern es soll in die innere Freude und in die Sorglosigkeit, in das Vertrauen auf Gottes Fürsorge führen. Matthäus entfaltet sein Verständnis des Fastens durch das Gedicht über die Sorge und Sorglosigkeit. Fasten und Beten bilden dabei eine innere Einheit. Das Fasten soll den Beter befreien von allen Sorgen, die ihm den Zutritt zur Kammer seines Herzens verwehren, in der er im Verborgenen zu seinem Vater beten soll. In uns ist ein Raum der Stille, in dem Gott wohnt, in dem Gott herrscht. Das ist das Reich Gottes, das in uns ist. Fasten will uns in diesen inneren Raum führen. Wenn wir in Berührung sind mit diesem Raum der Stille, dann wird unser Leben richtig, dann werden wir gerecht leben, unserem Wesen entsprechend, dann werden wir aufgerichtet, aufrecht. In diesem inneren Raum der Stille hören die Sorgen auf. Da haben sie keinen Zutritt. Wenn ich durch Fasten und Beten in den inneren Raum der Stille, in das „Reich Gottes in mir" gelangt bin, dann kann ich wirklich mit Teresa von Avila sagen: „Gott allein genügt." Dann mache ich die Erfahrung, daß ich mich um nichts mehr sorgen muß. Dann muß ich mich nicht mehr darum kümmern, ob ich die Erwartungen und Ansprüche der Menschen erfülle. Denn die Menschen mit ihren Erwartungen und Urteilen haben zu diesem Raum keinen Zutritt. In diese innere Kammer kann auch die Angst nicht eindringen. Da kann ich einen Augenblick lang die Erfahrung machen, daß ich alles habe, was ich zum Leben brauche. Da hört die Angst um meine wirtschaftliche Zukunft auf. Das heißt nicht, daß ich nicht verantwortungsvoll mit meinen Finanzen umgehe. Aber es gibt in mir einen Raum, der davon unberührt bleibt. Das gibt mir wahre Freiheit und Ruhe. In diesem inneren Raum quält mich keine Sorge. Ganz gleich, was mit mir geschehen wird, ich weiß: Gott ist in mir. Und wo Gott, das Geheimnis, in mir wohnt, da kann ich daheim sein, da bin ich mitten in der Ungeborgenheit und Ungesichertheit der Welt trotzdem getragen und geborgen. Gott ist die eigentliche Befreiung von der Sorge des Menschen.

Wenn ich befreit bin von meinen Sorgen, dann finde ich wahrhaft Ruhe. Denn die Sorge ist wohl der größte Feind der Ruhe. Wenn wir ruhelose Menschen beobachten, so kommen sie deshalb nicht zur Ruhe, weil sie ständig in Sorge sind. Und es sind genau die Sorgen, die Matthäus beschreibt, die Sorge um Essen und Trinken, um das vitale Leben, die Sorge, ob ihre Bedürfnisse auch erfüllt werden. Es ist die Angst, zu kurz zu kommen, nicht genügend Beachtung und Zuwendung zu erfahren, die Angst, nicht genügend bestätigt und anerkannt zu werden. Und es ist die Sorge um die Kleidung. Sie bezieht sich nicht nur auf die Kleider, die man kaufen kann, sondern auch auf das Aussehen, ob ich den Erwartungen heutiger Mode entspreche, ob mein Leib den Idealbildern gerecht wird, wie man heute auszusehen hat. Und es ist die Sorge um mein Prestige, um meinen Ruf, meinen Posten, meine Karriere. Es gibt Menschen, die nie zufrieden sind mit dem, was sie erreicht haben. Ständig schauen sie auf das, was andere geschafft haben. Sie vergleichen sich unablässig mit andern. Das Sichvergleichen läßt sie nie zur Ruhe kommen. Erst wenn wir diese Sorgen lassen und uns um das Reich Gottes sorgen, finden wir in uns den Raum, in dem Gott in uns herrscht. Und dort, wo Gott in uns herrscht, dort ist Friede, dort ist Sorglosigkeit, dort ist Heimat, Geborgenheit, Ruhe.

2.
Einladung zur Ruhe

In der Mitte des Matthäusevangeliums steht ein eigenartiger Text, über den sich die Ausleger seit jeher gestritten haben. Es ist der sog. Jubelruf Jesu (Mt 11,25–30). Nach dem positiven Urteil des Johannes über Jesus und nach dem Weheruf über die galiläischen Städte, die Jesus abgelehnt haben, preist Jesus Gott dafür, daß er den Unmündigen geoffenbart hat, wer er in Wirklichkeit ist, der Sohn des Vaters. Auf diesen Lobpreis folgt ein Einladungswort Jesu an alle, die sich plagen und unter der Last ihres Lebens stöhnen: „Kommt alle zu mir, die ihr euch plagt und schwere Lasten zu tragen habt. Ich werde euch Ruhe verschaffen. Nehmt mein Joch auf euch und lernt von mir; denn ich bin gütig und von Herzen demütig; so werdet ihr Ruhe finden für eure Seele. Denn mein Joch drückt nicht, und meine Last ist leicht" (Mt 11,28–30).

Nachdem Jesus im Jubelruf ausgesagt hat, wer er ist, spricht er hier über das Heil, das er denen schenkt, die zu ihm kommen. Dieses Heil beschreibt er im Bild der Ruhe. Jesus übernimmt die Einladung zur Ruhe von Jesus Sirach, der die Unwissenden in sein Lehrhaus einlädt, damit sie dort Ruhe finden (vgl. Sir 51,23–27). Wer sich unter das Joch der Weisheit stellt, der wird Ruhe finden. Und Jesus spricht mit den Worten Gottes, dem der Prophet Jeremia folgenden Ausspruch in den Mund legt: „So spricht der Herr: Stellt euch an die Wege, und haltet Ausschau, fragt nach den Pfaden der Vorzeit, fragt, wo der Weg zum Guten liegt; geht auf ihm, so werdet ihr Ruhe finden für eure Seele“ (Jer 6,16). In Jesus ist also die Weisheit Gottes verkörpert. Er weist uns einen Weg zum wahren Leben, zur Freude, zum Frieden und zur Ruhe. Jesus versteht sein Wirken als ein Ruhe-Schenken für die sich sorgenden und sich abmühenden Menschen. Die Ruhe erinnert wohl an die Sabbatruhe Gottes. Jesus gibt den Menschen Anteil an Gott, seinem Vater, und an dem, was Gott auszeichnet, an der ungestörten Ruhe, am Ausruhen aus Freude darüber, daß alles gut ist.

Jesus lädt alle ein. Keiner ist ausgeschlossen von der Ruhe, die er uns schenken möchte. Die Eingeladenen werden charakterisiert als Menschen, die sich in körperlicher oder geistiger Arbeit mühen und die Lasten zu tragen haben. Bei der Last denkt Matthäus vermutlich an das jüdische Gesetz, wie es die Pharisäer interpretiert haben. In der Auslegungsgeschichte dieses Textes wurde aber die Last vielfältig gesehen, als Hunger, Armut, Schande, als Last des ausgebeuteten Volkes. Wenn wir die beiden Worte „sich mühen“ und „Lasten tragen“ auf unsere Situation hin auslegen, so könnten da Menschen gemeint sein, die sich plagen, ohne daß etwas dabei herauskommt. Sie arbeiten und arbeiten, aber sie können die Arbeit nicht mehr genießen. Sie gehen auf in ihrer Arbeit. Sie stehen unter einem inneren und äußeren Druck, immer etwas tun zu müssen. Vielleicht ist es ihr schlechtes Gewissen, das sie so unter Druck setzt. Vielleicht ist es die Erziehung. Da haben sie die Worte der Eltern verinnerlicht, daß man sich sein Leben verdienen müsse, daß man immer arbeiten müsse. Vielleicht steckt die Angst dahinter, als faul und untüchtig abgestempelt zu werden. Wenn sie als Kinder einmal nur spielen wollten, so wurden sie als Taugenichtse tituliert. Das sitzt bei manchen so tief, daß sie sich immer etwas zu schaffen machen. Bei andern meint das Sichabmühen die ständige Überforderung. Sie fühlen sich den Anforderungen, die an sie gestellt werden, nicht gewachsen. Sie haben Angst, ausgemustert, ausgestellt zu werden. So mühen sie sich ab und plagen sich. Das Wort „Plage" kommt vom lateinischen Wort „plaga" = Schlag, Streich, Wunde, Strafe des Himmels. Die Plagerei oder Plackerei wird als ein Schlag erlebt. Der Himmel schlägt mich, daß ich mich so abmühen muß. Das Wort Plage hängt auch mit „Fluch" zusammen. Viele erleben die Plackerei ihres Lebens als Fluch, der über ihnen liegt. So hat es schon das Alte Testament gesehen, wenn Gott bei der Vertreibung aus dem Paradies zu Adam spricht: „So ist verflucht der Ackerboden deinetwegen. Unter Mühsal wirst du von ihm essen alle Tage deines Lebens" (Gen 3,17).

Die Last, die wir heute zu tragen haben, ist heute weniger die Last des jüdischen oder kirchlichen Gesetzes. Es ist die Last, die man selbst mitschleppt, die Last seiner Erziehung, die Last, die man sich selbst auferlegt. Manchmal ist es die Last der Selbstbestrafung, die man auf sich nimmt, um den quälenden Schuldgefühlen zu entgehen. Manchmal ist es die Last des eigenen Über-Ichs, das einen anhält, immer zu arbeiten. Dieses Über-Ich verbietet einem das Ausruhen, das Nichtstun. Es läßt einen nie in Ruhe. Es gibt ständig einen Kommentar zu allem, was man tut. Und es ist nie zufrieden mit dem, was ist. Es nörgelt an uns herum, so wie damals die unzufriedenen Eltern an uns herumkritisiert haben. Die Last drückt uns nieder. Sie bedrückt und erdrückt uns. Sie raubt uns den inneren Frieden.

All denen, die zur Ruhe unfähig geworden sind, bietet Jesus einen Weg an, Ruhe zu finden. Er gebraucht dabei das Wort „anapauso“: aufhören lassen, unterbrechen, Ruhe verschaffen, erquicken, und „anapausis“: Unterbrechung, Ruhe, Ruheplatz. Unser deutsches Wort Pause kommt davon. Bei den Griechen bedeutet „anapausis“ nicht nur Arbeitsruhe, sondern auch die notwendigen Ruhezeiten, die die inneren Organe des Menschen brauchen, die der Sportler braucht, und die Ruhe vom Kriegsdienst. Im religiösen Sinn kann „anapausis“ auch Erlösung von allen Übeln bedeuten. Die Ruhe ist für die Griechen etwas Heiliges und ein Heilsgut, um das man die Götter bittet. Das Alte Testament sieht es ähnlich. Da sehnt sich der Fromme nach der Sabbatruhe, die Gott ihm zugedacht hat. Die Ruhelosigkeit ist ein Fluch. So muß Kain ruhelos umherirren: „Rastlos und ruhelos wirst du auf der Erde sein“ (Gen 4,12). Dieser Fluch, der auf Kain lastet, prägt auch heute das Verhalten vieler Menschen. Ruhelos irren sie herum. Sie mühen sich ab, ohne daß es sich wirklich lohnt. Denn ihre Arbeit trägt keine Frucht (vgl. Gen 4,12). Bei Kain ist der tiefste Grund der Ruhelosigkeit die Schuld, die er durch die Ermordung seines Bruders Abel auf sich geladen hat. Die Schuldgefühle quälen ihn und lassen ihn ruhelos umherirren. Dieses Bild des ruhelosen Wanderers ist in der Gestalt Ahaswers in die Überlieferung der Völker eingegangen. In vielen Märchen gibt es auch die ruhelosen Menschen, die durch die Wälder irren müssen, bis sie irgendwo Erlösung finden. Es scheint, daß unsere Zeit vom Fluch der Ruhelosigkeit geprägt ist. Und auch heute könnten die verdrängten Schuldgefühle der Grund sein, warum die Menschen immer wieder vor sich davonlaufen und es nirgendwo länger aushalten. Viele trauen sich nicht, auszuruhen, aus Angst, dann könnten all die beiseite geschobenen Schuldgefühle wieder aufbrechen, dann könnte ihnen aufgehen, daß sie ihren Bruder Abel verletzt, daß sie sein Schreien überhört haben, daß sie an seiner Not vorübergegangen sind.

Philo, der jüdische Philosoph, betrachtet die Ruhe als höchsten Wert. Dabei versteht er die Ruhe nicht als Untätigkeit, sondern als mühelose Tätigkeit. Gott ruht, ohne müde zu sein. Seine Ruhe ist schöpferisches Tun. Für Philo findet der fromme Mensch ähnlich wie Gott die schöpferische Ruhe, während der Unvernünftige ruhelos ist. Die griechischen Theologen, Clemens von Alexandrien und Origenes, haben die Gedanken des Philo in ihrer Interpretation der Bibel weiter entfaltet. Jesus führt in die wahre, in die vollkommene Ruhe (teleia anapausis). Denn wer durch die Reinigung seiner Seele zur Ruhe gefunden hat, der begehrt nichts mehr als Gott. Wer sich vom Lärm der Welt in die Ruhe des Schweigens zurückgezogen hat, der wird reinen Herzens erfahren, wie Gottes Geist auf ihm ruht und ihm die Ruhe schenkt, die ihm Kraft gibt, wirklich schöpferisch zu sein.

Auf dem Hintergrund des griechischen und jüdischen Ruheverständnisses werden die Worte Jesu auch für uns heute hoch aktuell. Wir gleichen den unvernünftigen Menschen, die ruhelos bleiben, weil sie nicht zu ihrem wahren Grund gefunden haben. Es lastet der Fluch Kains auf uns und läßt uns ruhelos umherirren. Wir laufen davon vor unserem schlechten Gewissen. Angst und Schuldgefühle lassen uns nicht zur Ruhe kommen. Die Frage ist, wie wir bei Jesus die wahre Ruhe finden können. Jesus lädt uns ein mit den Worten: „Nehmt mein Joch auf euch und lernt von mir; denn ich bin gütig und von Herzen demütig" (Mt 11,29). Zwei Wege wollen uns in die Ruhe einführen. Der erste Weg besteht darin, daß wir das Joch Jesu auf uns nehmen sollen. Es ist das Joch der Weisheit, das Joch des göttlichen Gesetzes, das frei ist von Menschensatzung, das dem Menschen guttut. Es ist ein leichtes Joch, das nicht drückt, sondern in die Freiheit führt. Wer sich unter das Wort Jesu stellt, wer sich von Jesu Lehre einführen läßt in das Geheimnis des barmherzigen Gottes und in das Geheimnis des Menschen, der findet wahrhaft Ruhe. Das Wort „Religion" kommt von Joch. Es meint ein Anjochen an Gott, ein Anbinden (religare) an Gott. Nur wer in seinem

Herzen an Gott gebunden ist, wird frei von den vielen Binden, die ihn sonst gefangenhalten. Er wird frei vom Joch der Sklaverei, das er auf sich nimmt, wenn er sich von Menschen und ihrer Anerkennung abhängig macht. Er wird frei vom Joch der Angst, er wird frei vom Joch der vielen Gesetze, die ihn am Leben hindern.

Der zweite Weg besteht im Lernen. Wir sollen lernen, daß Jesus gütig und demütig ist. Jesus ist gütig und milde, freundlich und gewaltlos. Und er ist demütig. Er ist hinabgestiegen in die Tiefen des Menschseins. Beide Haltungen, prays und tapeinos, sind offensichtlich Wege zu wahrer Ruhe. Prays meint Jesu geduldige Freundlichkeit, die er gerade den Sündern gegenüber zeigt. Jesus ist sanftmütig wie Mose (vgl. Num 12,3). Wer von Jesus diese Güte und Sanftmut, die Freundlichkeit und Milde sich selbst gegenüber und andern gegenüber lernt, der findet Ruhe. Wer gut ist zu sich selbst und zu andern, der kommt in seinem Herzen zur Ruhe. Wer dagegen aggressiv gegen sich und seine Leidenschaften und Bedürfnisse wütet, der weckt in ihnen eine Gegenkraft, die ihn einfach nicht in Ruhe läßt. Er muß dann ständig auf der Hut sein, daß ihn seine Leidenschaften nicht überrumpeln und bestimmen. Wer freundlich mit sich und mit andern umgeht, der muß nicht ständig in der Angst leben, von andern angefeindet oder ausgenutzt zu werden. Und wer milde geworden ist, wer seine Verhärtung und Erstarrung von den Mühlsteinen seines Lebens hat zermahlen lassen (milde kommt von mahlen), der ist fähig zu wirklicher Ruhe. Er ist weich geworden, er muß nichts mehr festhalten. Er ist nicht nur milde, sondern auch weise. Er hat geschmeckt (sapiens kommt von sapere = schmecken), was das Geheimnis des menschlichen Lebens ist. Er hat erfahren, daß er nichts festhalten kann, daß er nur in Gott Halt und Ruhe finden kann.

Auch die Demut ist Voraussetzung für die Ruhe. Schon im Alten Testament ist Sanftmut und Demut (prays und tapeinos) oft miteinander verbunden. Das griechische Wort bedeutet: niedrig. Das lateinische Wort „humilitas" interpretiert die Demut als Mut zur eigenen Erdhaftigkeit, als Mut, zu seiner irdischen Existenz zu stehen und sich nicht über seine Geschöpflichkeit zu erheben. Die Demut besteht letztlich im Mut, der eigenen Wahrheit ins Auge zu sehen, hinabzusteigen vom hohen Roß der eigenen Idealbilder, um sich auszusöhnen mit seiner Wirklichkeit als Mensch. Wer seiner Wahrheit nicht mehr davonläuft, wer seine Augen nicht mehr davor verschließt, der kann Ruhe finden. Solange ich meiner Wahrheit ausweiche, werde ich innerlich nie ruhig werden.

Jesus verheißt uns beides: „Ich werde euch Ruhe verschaffen" (Mt 11,28) und: „Ihr werdet Ruhe finden für eure Seele" (Mt 11,29). Als sich die Apostel von ihrem Verkündigungsauftrag wieder bei Jesus einfinden, lädt er sie ein: „Kommt mit an einen einsamen Ort, wo wir allein sind, und ruht ein wenig aus (anapausasthe)" (Mk 6,31). Er verschafft seinen Jüngern Ruhe, indem er sie von der Menge absondert, ihnen einen Raum des Ausruhens ermöglicht, eine Pause, um von sich zu erzählen und sich miteinander wieder zu regenerieren. Diese Einladung Jesu gilt für uns heute genauso. Jesus fordert uns immer wieder auf, uns bewußt zurückzuziehen von der Menge, um an einem einsamen Ort mit uns selbst eins zu werden und die Einheit mit Gott zu erfahren. Das Gebet ist so ein Rückzug an einen einsamen Ort. Das gilt nicht nur für die Zeit der Stille, in der wir uns von andern absondern, sondern auch als innere Wirklichkeit. Im Gebet gelangen wir in den inneren Raum, in dem wir allein sind mit Gott, in dem wir all-eins sind, eins mit Gott, eins mit uns selbst, eins mit der ganzen Schöpfung. Jesus verschafft uns Ruhe, und er verheißt uns, daß wir für unsere Seele Ruhe finden werden, wenn wir bei ihm in die Schule gehen. Die Ruhe beginnt bei der Seele. Zuerst muß das Innere in uns zur Ruhe kommen. Dann wird sich die Ruhe auch im Leib auswirken. Wenn das Herz ruhig geworden ist, dann werden wir auch unser Tun in aller Ruhe vollziehen, dann werden unsere Bewegungen aus der inneren Ruhe herausfließen, dann haben wir teil an der schöpferischen Ruhe Gottes.

3.
Eingehen in die Sabbatruhe

1. Der Hebräerbrief antwortet am Ende des ersten Jahrhunderts den offensichtlich müde gewordenen Christen mit einer neuen Theologie, um sie in ihrem Glauben zu stärken. Lange Zeit hat man den Hebräerbrief eher vom Alten Testament her verstanden. Heute sieht man, daß der Autor dieses in bestem Griechisch geschriebenen Briefes neben Johannes und Paulus der dritte große Theologe des Neuen Testamentes ist. Er denkt nicht in jüdischen, sondern in griechischen Kategorien. Er interpretiert immer wieder Texte des Alten Testaments, um den Christen zu zeigen, was Jesus Christus für sie heute bedeuten und wie er sie in ihrem matt gewordenen Glauben stärken kann. So deutet der Autor auch auf recht eigenwillige Weise Psalm 95, der im Stundengebet der Mönche häufig die Vigil, die nächtliche Gebetszeit, eröffnet. Dort heißt es: „Heute, wenn ihr seine Stimme hört, verhärtet euer Herz nicht wie beim Aufruhr, wie in der Wüste am Tag der Versuchung … Immer geht ihr Herz in die Irre. Sie erkannten meine Wege nicht. Darum habe ich in meinem Zorn geschworen: Sie sollen nicht in das Land meiner Ruhe kommen" (Hebr 3,7.9f). Die Ruhe Gottes, in die das Volk Israel nicht eingegangen ist, ist nicht das Gelobte Land. Denn da ist das Volk ja ein-

gezogen. Es meint vielmehr die Sabbatruhe Gottes (Hebr 4,9). Die Sabbatruhe meint auch nicht die Ruhe, die uns im Tod erwartet. Der Hebräerbrief denkt nicht in zeitlichen, sondern in räumlichen Kategorien. Die Sabbatruhe Gottes ist ein jenseitiger Ort, den Gott für uns bereithält. Jesus ist bereits durch seinen Tod in diesen Ort der Ruhe eingezogen. Jetzt liegt er für uns bereit. Wenn wir glauben, übersteigen wir diese Welt und haben schon jetzt teil an diesem himmlischen Ort der Ruhe. Der Glaube enthebt uns also der Welt. Er befreit uns aus der Ruhelosigkeit dieses Lebens und führt uns in den jenseitigen Ruheort, den Christus als Vorläufer des Glaubens für uns schon in Besitz genommen hat. Der Hebräerbrief versteht diesen Ort der Ruhe nicht als zukünftigen Ort, den wir nach unserem Tod im Jenseits erreichen werden, sondern als himmlischen Ort, der jetzt schon für uns bereitet ist und an dem wir jetzt schon wohnen, wenn wir im Glauben feststehen in dem, was wir erhoffen und nicht sehen (vgl. Hebr 11,1). Jetzt schon, mitten in der Unruhe, mitten im Trubel von Verfolgung und Anfeindung, von Kränkungen und Verletzungen, ist unser Herz durch den Glauben schon am himmlischen Ort der Ruhe, in dem Christus wohnt. Dieser jenseitige Ort ist zugleich ein innerer Ort. Es ist der Raum der Stille in uns, das Allerheiligste, in das Christus eingetreten ist, der Raum, zu dem die Unruhe dieser Welt keinen Zutritt hat, in dem uns Christus Anteil schenkt an der göttlichen Ruhe.

Der Hebräerbrief zählt die Haltungen auf, die es uns unmöglich machen, diesen jenseitigen und zugleich inneren Ort der Ruhe zu erreichen. Da ist einmal die Verhärtung. Das griechische Wort „skleros“ meint trocken, dürr, rauh, hart, starr, unangenehm, unbarmherzig, mürrisch. Wer hart geworden ist in seinem Herzen, wer unbarmherzig ist, wer ständig murrt und sich gegen das Leben auflehnt, das Gott ihm zugedacht hat, der findet den Weg nach innen nicht. Er ist abgeschnitten von seinem Herzen. Er lebt an der Oberfläche, und er lebt im Unfrieden mit sich selbst. Er kommt nie zur Ruhe. Die zweite Haltung ist die Verbitterung. Das griechische Wort „parapikrasmos“ heißt Aufruhr, Rebellion, Erbitterung und Verbitterung. Wer verbittert ist, der ist in ständiger Auflehnung gegen sich selbst und gegen Gott. Die Bitterkeit gärt in ihm und läßt das Herz nie zur Ruhe kommen. Manchen Menschen sieht man die Bitterkeit schon am Gesicht an. Da hat man das Gefühl, daß die alten Verletzungen noch genauso präsent sind wie damals vor vielen Jahren und das Herz nicht in Ruhe lassen. Sie zersetzen die Seele und kommen bei jeder Gelegenheit wieder ans Licht, wenn sie sich in bitteren Bemerkungen äußern.

Die dritte Haltung ist das Irregehen. Ihr Herz geht in die Irre. Es geht falsche Wege. Es schweift herum und verirrt sich. Hier ist nicht nur das äußere Herumvagabundieren gemeint, sondern ein inneres Umherwandern. Das Herz bleibt nicht bei sich, es ist in sich selbst zerrissen und geht mit seinen Gedanken bald hierhin und bald dorthin. Es ist das unruhige Herz, das sich nicht auf Gott und nicht auf das, was Gott ihm anbietet, einlassen kann. Und die vierte Haltung, die die Ruhe verhindert, ist das böse und ungläubige Herz, das von Gott abfällt (Hebr 3,12). Das Herz ist böse, weil es nicht glaubt, weil es sich Gott gegenüber hart macht und verschließt, weil es Gott auf die Probe stellt, anstatt sich von Gott in Frage stellen zu lassen. Der Autor spricht hier von der Verführung der Sünde, vom Betrug der Sünde, die das menschliche Herz verhärtet. Wer sündigt, betrügt sich selbst. Und solcher Selbstbetrug macht das Herz hart und gefühllos. Ruhelose Menschen sind oft gefühllos. Sie können sich nicht auf ein Gefühl einlassen. Sie fliehen letztlich vor intensiven Gefühlen. Sie haben Angst, in ihre Gefühle hineinzugehen, und so sind sie immer auf der Flucht vor sich selbst. Sie schließen sich selbst vom Leben aus. Denn es gibt kein intensives Leben ohne Gefühle und ohne die Fähigkeit, ganz im Augenblick zu sein, die Ruhe und Stille zu genießen.

Wer glaubt, so meint der Hebräerbrief, der kommt in das Land seiner Ruhe, und zwar heute. Jeder Tag ist dieses Heute, da wir eintreten können in das Land seiner Ruhe, in seine Sabbatruhe. Gott hat sich am siebten Tag von seinen Werken ausgeruht. Und uns hat er einen Tag der Ruhe geschaffen, indem wir teilhaben dürfen an seiner ewigen Ruhe. Das Alte Testament kennt den ewigen Sabbat am Ende der Zeit, an dem wir für immer ausruhen können von unseren Werken. Der Hebräerbrief aber spricht von der Sabbatruhe, die „heute" möglich ist, wenn wir durch den Glauben eintreten in das „Land seiner Ruhe". Jeden Augenblick können wir durch den Glauben eintreten in diesen inneren

Ort der Ruhe, in dem Gott selbst in uns ruht. Es ist ein Ort, den Gott uns seit der Erschaffung der Welt zugedacht hat. Zu diesem Ort haben wir Zutritt durch Jesus Christus, der uns als Vorläufer (prodromos) vorausgegangen ist.

Der Hebräerbrief kann diesen inneren Ort der Ruhe auch mit dem Bild des „Allerheiligsten" bezeichnen, in das Christus durch den Vorhang seines Todes eingetreten ist. Es ist der innere Raum in uns, an dem wir ganz heilig und heil sind, an dem alles in uns gut ist, an dem wir ganz wir selbst sind, unberührt von der Sünde, unberührt von der Bosheit des menschlichen Herzens. Dort sind wir im Einklang mit Gott. Dort können wir wahrhaft daheim sein, weil das Geheimnis, Gott selbst, in uns wohnt. Zum Allerheiligsten hat nur der Hohepriester Zutritt. Die Heiden, die Männer und Frauen, die Kinder, die Händler mit ihren Rindern und Tauben, sie alle haben keinen Zutritt. Die Gedanken und Gefühle, die Leidenschaften und Bedürfnisse, die Sorgen und Probleme, der innere oder äußere Lärm, all das ist ausgeschlossen vom Allerheiligsten. Dort sind wir allein mit dem Heiligen. Dort sind wir eins mit Gott und eins mit uns selbst. Dort sind wir wahrhaft all-ein, all-eins, mit allem eins, weil wir mit Gott eins geworden sind.

Der Hebräerbrief versteht die Erlösung durch Jesus Christus als den Weg, den Jesus uns vorausgegangen ist, den Weg in das Heiligtum, in die ewige Sabbatruhe Gottes, in das Land der Ruhe. Im Glauben an Jesus Christus, den Urheber und Vollender unseres Glaubens, sind wir schon eingetreten in den Ort der Ruhe. Im Glauben und in der

Hoffnung auf Jesus Christus „haben wir einen sicheren und festen Anker der Seele, der hineinreicht in das Innere hinter dem Vorhang; dorthin ist Jesus für uns als unser Vorläufer hineingegangen" (Hebr 6,19 f). Hier hat der Autor das Bild vor Augen, daß wir Menschen im unsicheren Weltmeer dahinfahren. Wir werden hin und her geschaukelt durch die Wogen und Wellen unseres Lebens. Aber mitten in der unruhigen Fahrt unseres Lebens haben wir einen sicheren Anker der Seele. Es ist unser Verankertsein in dem inneren Raum der Ruhe, in dem Allerheiligsten, in dem Gott selbst in uns wohnt, in dem Christus, unser Vorläufer und Anführer im Heilwerden und Heilsein, bei uns ist und uns den Zugang in die ewige Sabbatruhe Gottes ermöglicht.

4.
Der Weg zur Herzensruhe

Den sicheren Anker der Seele im inneren Raum der Stille suchen die frühen Mönche in einer Zeit, in der das Christentum lau wird, in der sich Staat und Kirche verbinden und die Quellen der Spiritualität einzutrocknen beginnen. Ähnlich wie der Hebräerbrief lau gewordenen Christen eine neue Theologie verkündet, um sie zu stärken, wollen die Mönche in der Wüste auf neue Weise aus den Quellen der Heiligen Schrift trinken und durch ihre Spiritualität die oberflächlich werdende Kirche beleben. Die Mönche möchten das biblische Gebot „Betet ohne Unterlaß" (1 Thess 5,17) erfüllen. Sie entwickeln Methoden des inneren Gebetes, um unablässig beten zu können. Das innere Gebet besteht darin, daß sie den Anker ihrer Seele im innersten Raum der Seele, im Allerheiligsten des Hebräerbriefes, festmachen. Sie sind überzeugt, daß in uns ein Raum der Stille ist, zu dem allein Christus Zutritt hat, in dem allein Gott wohnt. Dort in diesem inneren Raum des Schweigens, in dieser Kammer unseres Herzens, erklingt unaufhörlich das Gebet, zu dem uns Jesus aufruft (vgl. Mt 6,6). Die Voraussetzung für dieses unablässige Gebet ist die Herzensruhe. Daher zielen alle spirituellen Methoden der Mönche darauf ab, die Herzensruhe zu erlangen, mit dem inneren Ort der

Stille in Berührung zu kommen, um dort ohne Unterlaß mit Gott verbunden zu sein.

Bilder für die Herzensruhe

Die Mönche übernehmen auf ihrem Weg zur Herzensruhe Methoden und Einsichten, wie sie schon in den griechischen Philosophenschulen grundgelegt waren und praktiziert wurden. Für die Griechen war es die wichtigste Frage im menschlichen Leben, wie wir zum wahren Glück gelangen. Und die Philosophie sieht das Glück nicht in äußeren Gütern, sondern „in einem Zustand gleichmäßiger, unerschütterlicher Ruhe" (RAC I 844). Der Weg zu dieser inneren Ruhe, zum Seelenfrieden, geht über den rechten Umgang mit den Affekten, die die Seele aufwühlen. Der Mensch soll zu einem Zustand gelangen, in dem er von den Affekten nicht mehr hin und her geworfen wird, in dem er sie vielmehr in seine Sehnsucht nach Gott integriert. Die Kirchenväter haben das Streben vor allem der stoischen Philosophie nach Apatheia (Leidenschaftslosigkeit) und Ataraxia (unerschütterliche Ruhe) aufgegriffen und in ihre Lehre von der christlichen Gnosis eingebaut. So ist für Clemens von Alexandrien das Ideal des Seelenfriedens nur erreichbar durch die mystische Vereinigung mit Gott. Sie kann der Christ aber nicht aus eigener Kraft erlangen, sondern nur mit Gottes Hilfe. Evagrius Ponticus steht in der Tradition der beiden großen griechischen Theologen Clemens und

Origenes, die die christliche Theologie und Spiritualität mit der Weisheit der griechischen Philosophie verbunden haben. Für Evagrius ist das Ziel des Mönches die Kontemplation, das Ruhen in Gott. Die Voraussetzung für die Kontemplation aber ist die Apatheia. Alle Methoden der monastischen Askese zielen auf die Erlangung der Apatheia. Die Apatheia ist für Evagrius kein Ausrotten der Leidenschaften (pathe), sondern ein Zustand inneren Friedens, den die Affekte nicht mehr stören. In der Apatheia ist der Mönch frei geworden vom pathologischen Verhaftetsein an die Leidenschaften (an die Logismoi). Die Leidenschaften wühlen ihn nicht mehr auf, sondern sie dienen seinem Streben nach Gott. Der Mönch kann die Kraft, die in den Leidenschaften steckt, für seine Sehnsucht nach Gott nützen. Nur so kann eine lebendige Spiritualität entstehen, in der der Mensch mit all seinen Kräften, auch mit seinen Affekten und Leidenschaften, sich in Gott verankern kann und so zum unablässigen Gebet und zur Herzensruhe findet.

Johannes Cassian, der die Mönchsväter in der Wüste besucht hat und in seinen „24 Unterredungen (Collationes)" die Lehren des östlichen Mönchtums für den Westen neu gefaßt hat, spricht nicht von apatheia, sondern von der puritas cordis, von der Reinheit des Herzens. Es ist ein Zustand, in dem der Mönch seine spirituelle Sehnsucht nicht mehr mit seinen Projektionen verunreinigt, in dem er für Gott durchlässig wird und frei von Gottesbildern, mit denen er das Bild des wahren Gottes verfälscht. Reinheit des Herzens ist ein Zustand, in dem der Mönch ganz und gar durchlässig geworden ist für Gott, in dem er von Gottes Geist bestimmt wird. Reinheit des Herzens ist für Cassian letztlich identisch mit Liebe, mit einer reinen und unverfälschten Liebe. In der Reinheit des Herzens kommt der Mönch zur wahren Ruhe in Gott. Cassian spricht hier von der tranquillitas animi, von der Seelenruhe, oder von der imperturbatio (frei sein von Aufregung und innerem Chaos).

Wenn Evagrius und Cassian den Mönchsweg als Weg zur inneren Ruhe aufzeigen, antworten sie damit auf ein Urbedürfnis des Menschen, nicht nur der ersten christlichen Jahrhunderte, sondern auch der heutigen Zeit. Es war die Grundfrage, die die griechische Philosophie seit Plato bewegt hat und die sie für das Abendland wegweisend diskutiert und beantwortet hat. Die Sehnsucht nach der Herzensruhe bewegt nicht nur die Mönche in der ägyptischen Wüste, sondern gerade auch uns in unserer hektischen und streßgeplagten Zeit. Wie können wir mitten im Trubel unserer Zeit die innere Ruhe finden? Für die Mönche ist die Frage nach der Herzensruhe identisch mit der Frage, wie man wahrhaft Mönch sein kann. Wir könnten auch sagen: Es ist die Grundfrage, wie menschliches Leben gelingen kann. In einem Väterspruch heißt es:

Der Altvater Poimen bat den Altvater Joseph: „Sage mir, wie ich Mönch werde. Er antwortete: Wenn du Ruhe finden willst, hier und dort, dann sprich bei jeder Handlung: Ich – wer bin ich? und richte niemand!“ (Apophthegmata 385).

Mönchsein wird hier identisch gesehen mit „Ruhe finden“. Es werden zwei eigenartige Wege zu dieser inneren Ruhe gewiesen. Der erste Weg geht über die immer neue Frage nach der eigenen Identität. Wer sich bei allem fragt „Ich – wer bin ich?“, von dem fallen alle falschen Selbstbilder ab. Er hört auf, sich selbst in den Mittelpunkt zu stellen. Das Ego wird hier als Quelle aller Unruhe gesehen. Das Ego redet ununterbrochen. Es fragt sich, ob es auch gut ankommt, ob die Menschen es auch beachten, ob es alles richtig macht usw. Ich kenne viele Menschen, die nie zur Ruhe kommen, weil sie immer um ihr Ego kreisen, weil sie sich immer fragen, ob sie in ihrem Ego auch nicht zu kurz kommen. Die Frage, wer ich bin, führt mich mehr und mehr zu meinem eigentlichen Selbst, zu dem Punkt, an dem ich wirklich „Ich“ sagen kann. Dieses Ich ist letztlich ein Geheimnis. Ich rühre da an das unverfälschte Bild, das Gott sich von mir gemacht hat. Die Frage nach dem wahren Selbst führt mich in den inneren Bereich meines Herzens, zu dem die Menschen keinen Zutritt haben. Dort kann ich wahre Ruhe finden. Der zweite Weg, den Poimen hier weist, ist der Verzicht auf das Urteilen über andere. Wir erleben uns ja häufig als Menschen, die ständig über andere urteilen. Auch wenn wir nicht laut sprechen, so redet unser Herz unaufhörlich über andere. Dieses Urteilen hält uns davon ab, bei uns zu bleiben. Wir sind immer bei den andern. Wir sind immer darauf aus, bei ihnen Fehler zu entdecken, um unserer eigenen Wahrheit auszuweichen. Aber so kommen wir nie zu uns und nie zur inneren Ruhe. Der

Mönch, der sich bei allem nach seinem wahren Selbst fragt, der aus seiner Personmitte heraus lebt und der auf das Urteilen über andere verzichtet, kommt zur Herzensruhe, die für Poimen das Wesen des Mönchseins ausmacht.

Eine Unterredung über die Herzensruhe

Viele Vätersprüche beschäftigen sich mit dem Thema, wie der Mönch zur Ruhe seines Herzens findet. Ich möchte mich beschränken auf einige Anweisungen Cassians, der als Schüler die wichtigsten Lehren des Evagrius Ponticus, des wohl größten und bedeutendsten Mönchstheologen, in den Westen gebracht hat. In den „24 Unterredungen" schildert er seine Gespräche mit berühmten Mönchsvätern in der ägyptischen Wüste. Sie waren im Mittelalter neben der Heiligen Schrift das am meisten gelesene Buch. In der 18. Collation geht es um die Frage, wie der Mensch die Herzensruhe erlangen kann. Germanus, der wohl ein Anonym für Cassian selbst ist und der jeweils die Mönche nach ihren Erfahrungen und Lehren fragt, stellt dem Abbas Piamun folgende Frage: „Wir würden gerne erfahren, wie man solche Herzensruhe gewinnen und bewahren kann. Herzensruhe bedeutet ja mehr, als daß wir uns selbst Stillschweigen befehlen, die Lippen fest geschlossen halten und uns kein einziges Wort entschlüpfen lassen – das wäre nicht schwer. Herzensruhe heißt ja, daß man im eigenen Innern diese Ruhe nicht verliert." Germanus meint, daß man solche

Herzensruhe nur in der Einsamkeit der Zelle erlangen könne. Doch Piamun antwortet: „Solche innere Ruhe erlangt man nur durch ganz tiefe Demut des Herzens, und anders als durch Herzensdemut kann man sie auch nicht bewahren." Die Demut ist das Wissen um die eigene Wahrheit, um die eigene Erbärmlichkeit, um die Leidenschaften, die einen anfechten, um die eigenen Schattenseiten. Nur wer bereit ist, sich seiner eigenen Wahrheit zu stellen, kann nach der Überzeugung Cassians zur Seelenruhe gelangen. Nicht äußere Wege wie Techniken und Methoden bringen den Menschen zur Ruhe, sondern nur die humilitas, der Mut, in die eigene Tiefe hinabzusteigen, die eigene Erdhaftigkeit (humus) und Menschlichkeit anzunehmen.

Ob einer innerlich ruhig geworden ist, das zeigt sich gerade in Situationen, die, von außen gesehen, das Gegenteil beschreiben, etwa wenn er beschimpft und durch schwierige Mitmenschen herausgefordert wird. Piamun möchte seinen beiden Gästen verdeutlichen, daß jeder die Herzensruhe erlangen kann, auch Menschen, die mitten in der Welt leben. Für sie sind die Herausforderungen des Alltags ein Weg, nach innen zu gehen und dort die Herzensruhe zu finden. So erzählt er von einer reichen Frau aus vornehmer Familie. Sie wollte mitten in der Welt Christus dienen. So erbat sie vom Bischof eine Witwe, der sie dienen wollte. Zunächst teilte ihr der Bischof eine sanftmütige Witwe zu. Doch als die Frau nochmals zum Bischof ging und sich beschwerte, daß es allzu leicht sei, dieser Witwe zu dienen, ließ er eine streitsüchtige Witwe aussuchen. Die beschimpfte bei jeder Gelegenheit die reiche Frau. Doch sie dankt dem Bischof: „Er habe ihr die beste Lehrmeisterin der Geduld vermittelt. Die Beschimpfungen hätten auf sie wie das Öl gewirkt, durch das in der Athletenschule die Ringkämpfer täglich für den Kampf gerüstet werden: gerade dadurch sei sie schließlich zur Ruhe des Herzens gelangt."

Für uns mag es etwas fremd erscheinen, daß man gerade durch schwierige Mitmenschen die Ruhe des Herzens finden soll. Oft höre ich die Klage, daß man ja gerne in die Ruhe des Gebetes eintauchen möchte, aber die Menschen um einen herum würden einen stören. Die Konflikte halten einen ab vom Gebet. Sobald man sich zur Meditation hinsetzt, tauchen die Konflikte auf und hindern einen an der Meditation. Die Konflikte lassen einen nicht zur Ruhe kommen. Cassian sieht das anders. Der Weg zur Herzensruhe ist für ihn ein Kampf. Er vergleicht ihn mit dem täglichen Training des Ringkämpfers. Gerade schwierige Mitmenschen nehmen einem die Illusion, als ob die Herzensruhe nur ein „Sich-wohl-Fühlen" wäre, nur eine angenehme Ruhe in einer ruhigen Atmosphäre. Herzensruhe ist vielmehr ein innerer Zustand. Wenn mich die Verletzungen nicht mehr erreichen, dann habe ich wirklich in Gott meine Ruhe gefunden. Und gerade die täglichen Kränkungen zwingen mich, nach innen zu gehen und mich dort auszuruhen, wo mich niemand mehr verletzen kann, im inneren Ort des Schweigens, in dem allein Gott wohnt, zu dem die Menschen keinen Zutritt haben.

Wahre Ruhe des Herzens erlangen wir nach Cassian nur, wenn wir die inneren Feinde, unsere „eigenen Hausgenossen" (Mt 10,36), zum Schweigen gebracht haben. „Wo nämlich unsere eigenen Hausgenossen nicht mehr gegen uns kämpfen, dort ist Gottes Reich in der Ruhe des Herzens verwirklicht." Das Reich Gottes ist in uns, wenn wir nicht mehr von unseren Leidenschaften und Emotionen, von unseren Bedürfnissen und Wünschen hin und her gerissen werden. Ein Test für diese innere Ruhe besteht darin, daß uns die Beleidigungen und Beschimpfungen von außen nicht mehr erregen. Cassian bezieht sich in der Begründung dieses inneren Ruhezustandes auf die stoische These, daß niemand uns verletzen kann außer wir selbst: „Betrachtet man nämlich die Sache genau, so kann ich von einem anderen Menschen, und sei er noch so böse, nicht verwundet werden, solange ich nicht mit mir im Kriegszustand bin; werde ich aber doch getroffen, so liegt das nicht am Angriff des andern, sondern an meiner Ungeduld. Es steht damit ähnlich wie mit einer kräftigen, soliden Kost: dem Gesunden bekommt sie, einem Kranken schadet sie. Sie hat in sich nichts Schädliches, wenn sie nicht durch den schlechten Zustand des Kranken schädlich wird."

Hier wird eine andere Sprache gesprochen, als sie heute üblich ist. Heute ist es modern, darüber zu jammern, wie sehr die andern Menschen einem die innere Ruhe rauben. Da gibt es die vielen Feinde von außen, Menschen, die einen beschimpfen, die Rufmord betreiben, die mich durch Mobbing aus der Firma vertreiben möchten, die mich einfach nicht in Ruhe lassen. Heute fühlen wir uns als Opfer einer in sich kranken Gesellschaft. Cassian meint nun, all das Äußere hätte keine beunruhigende Wirkung, wenn wir in uns selbst Ruhe gefunden hätten. Wenn wir mit uns im Einklang sind, wenn wir uns ausgesöhnt haben mit unseren Schattenseiten, dann können uns die Beschimpfungen nicht aus der Ruhe locken. Wir erkennen sofort, daß sie Ausdruck der Zerrissenheit und Unzufriedenheit dessen sind, der uns so beschimpft. Die wahre Ruhe – so sagen die Mönche – ist die Ruhe mitten im Sturm, die Ruhe mitten in der Unruhe dieser Welt. Wenn wir in Gott verankert sind, dann können uns die Stürme äußerer Feinde nicht aus der Ruhe bringen.

Der Kampf mit dem Zorn

Für Evagrius wie für Cassian gelingt es dem Mönch nur dann, die innere Ruhe zu erlangen, wenn er den Kampf mit den neun Logismoi, mit den neun Leidenschaften aufnimmt und in diesem Kampf als Sieger hervorgeht. Kampf heißt dabei nicht, daß er die Leidenschaften tötet, sondern daß er sie so bezwingt, daß sie ihm nun dienen. Die Leidenschaften werden zu Kräften, die mein geistliches Leben kraftvoll und lebendig werden lassen. Ohne die Leidenschaften wird auch die Spiritualität langweilig und kraftlos. Wenn der Mönch die Leidenschaften in seinen spirituellen Weg integriert, werden sie zu einer wichtigen Quelle von Lebensenergie. Besonders lange dauert für Cassian der Kampf mit dem Zorn und mit der Unkeuschheit. Aggression und Sexualität sind die beiden wichtigsten Lebensenergien. Der gute Umgang mit diesen Energiequellen entscheidet darüber, ob unser Leben gelingt und ob wir zu wahrer Ruhe gelangen können. Solange diese beiden Kräfte nicht integriert sind in das Gesamtkonzept eines Menschen, werden sie uns immer daran hindern, innerlich ruhig zu werden. Der Zorn kann uns dann zerreißen, und die sexuellen Phantasien werden uns nie zur Ruhe kommen lassen.

Da ist eine Frau, die abends nicht einschlafen kann. Und wenn sie dann einmal eingeschlafen ist, wacht sie schon bald wieder auf. Über Wochen lang schläft sie nur vier Stunden in der Nacht und ist völlig zermürbt. Sie klagt darüber, daß sie einfach nicht zur Ruhe kommt. Abends macht sie sich viele Gedanken, was sie noch hätte tun sollen. Sie hat den Eindruck, daß sie noch so vieles hätte tun müssen, den Freund anrufen, der Freundin zum Geburtstag gratulieren, und ihren Kindern wäre sie auch nicht gerecht geworden. Die Gedanken zermartern sie. Aber sie kommt nicht los davon. Da hat es keinen Zweck, eine Entspannungstechnik zu empfehlen. Der Widerstand, der sie von der inneren Ruhe abhält, muß erst angeschaut werden. Im Gespräch wird deutlich, daß sie noch eine ziemliche Wut auf ihren Vater hat. Ihm konnte sie nichts recht machen. Zunächst war sie seine Lieblingstochter. Doch als sie anfing, selber über sich zu entscheiden, da machte er sie klein, übte Macht über sie aus, indem er ihr Schuldgefühle vermittelte.

Sie konnte ihm nichts mehr recht machen. Als er krank war, wurde sie für ihn zum Sündenbock, auf den er seine eigene Unzufriedenheit mit sich abladen konnte. Die Ruhelosigkeit ist also bedingt durch unerledigte Sachen. Sie muß erst die Verletzungen der Kindheit anschauen und die Beziehung zu ihrem verstorbenen Vater klären. Sonst würde sie nie zur Ruhe kommen. Die Ruhelosigkeit zeigt also, daß sie mit ihrer Energie der Aggression in positiver Weise in Berührung kommen muß. Sie braucht die Wut, um sich vom Vater distanzieren zu können, um sich von seiner Macht zu befreien. Solange das nicht gelingt, wird der Vater mit seinen verinnerlichten Botschaften immer noch in ihr herumspuken, und sie wird das Gefühl haben, daß sie den Ansprüchen des Lebens nie genügen wird. Auch vor Gott wird sie nie zur Ruhe kommen. Denn sie hat durch die negative Vatererfahrung auch ein überforderndes Gottesbild verinnerlicht. Gott ist auch der, der immer etwas von ihr will, vor dem sie nie genug tut und dem sie nie gerecht wird. Vor diesem Gott ist sie immer Sünderin. Ein solches Gottesbild wird sie nie zur Ruhe kommen lassen. Sie wird nie in die Ruhe Gottes eingehen, sondern Gott als den ewigen Ruhestörer erfahren, der sie mit Schuldgefühlen martert und beunruhigt. Die Wut wäre die Kraft, dieses negative Vater- und Gottesbild aus sich herauszuwerfen. Dann schafft die Wut einen Freiraum, in dem die Frau zur Ruhe kommen könnte.

In der Zelle bleiben

Ein wichtiger Weg zur Ruhe ist im Mönchtum das Ausharren im eigenen Kellion. Die Einsiedler, die in ihrem Kellion wohnten und arbeiteten, verspürten häufig die Versuchung, vor ihrer Einsamkeit davonzulaufen und sich in der Welt nützlich zu machen. Dort könnten sie Kranke besuchen, den Armen helfen. Damit würden sie das Gebot Christi erfüllen. Doch in der Wüste verläuft ihr Leben, ohne daß andere davon Notiz nehmen. Das ist doch sinnlos. Die Mönche kennen solche Gedanken, die sie aus dem Kellion treiben möchten. Doch ihr Rat lautet immer wieder: „Geh in dein Kellion und setze dich nieder, und das Kellion wird dich alles lehren" (Apophthegmata 500). Ich muß in meinem Kellion gar nicht fromm sein. Ich muß weder beten noch fasten. Aber ich darf meinen Leib nicht aus den Mauern des Kellions hinauswerfen, wie es in einem Väterspruch heißt. Wenn ich äußerlich in meinem Kellion aushalte, dann kommen auch meine Gedanken in Ordnung. Ich werde meiner eigenen Wahrheit begegnen. Die wird anfangs nicht sehr angenehm sein. Aber wenn ich nicht gleich weglaufe, sondern bleibe und die Gedanken vor Gott anschaue, verlieren sie ihre Macht über mich und werden sich bald verflüchtigen und beruhigen. Die äußere stabilitas, das äußere Bleiben, erzeugt allmählich eine innere Stabilität, eine innere Festigkeit und Ruhe.

Heute gibt es unzählige Fluchtmöglichkeiten. Wir brauchen uns nur ins Auto zu setzen und woanders hinzufahren. Oder wir setzen uns vor den Fernseher und werden sogar in unseren eigenen vier Wänden in die Fremde geführt, die uns zerstreut, die uns von uns selbst wegführt. Schon Pascal hat darüber geklagt, daß heute keiner mehr allein in seinem Zimmer bleiben kann. Darin sieht er die größte Not seiner Zeit. Was würde Pascal wohl heute sagen, wo es noch weit mehr Fluchtmöglichkeiten gibt als im 17. Jahrhundert? Sich selbst auszuhalten, ohne sich abzulenken, selbst ohne ein Buch zu lesen, das ist gar nicht so einfach. Wir meinen dann vielleicht, wir könnten die Zeit nützen und etwas studieren. Oder wir könnten etwas erledigen, was wir schon lange liegen gelassen haben. Aber im Kellion bleiben meint, daß ich einmal bewußt gar nichts tue, daß ich nur dasitze und mich vor Gott wahrnehme. Was taucht in mir auf? Was beschäftigt mich eigentlich? Was bewegt mich innerlich? Vielleicht spüre ich Ärger oder Angst oder Unzufriedenheit. Die Mönche vergleichen dann ihr Tun mit dem des Fischers. Der sitzt ruhig vor dem Wasser und wartet, bis ein Fisch auftaucht. Dann fängt er ihn und wirft ihn ans Land. So soll der Mönch wachsam am Meer seines Herzens sitzen und warten, bis die Fische seiner Gedanken und Emotionen auftauchen. Dann kann er sie fangen und sie hinauswerfen. Aber wer in der Ruhe das Wasser seines Herzens betrachtet, fängt nicht nur die Fische, die auftauchen. Er kann auch sich selbst wie in einem Spiegel sehen. Das hat ein Einsiedler seinen Besuchern vorgeführt, die ihn provozieren wollten, daß sein Bleiben in der Einsamkeit doch nutzlos sei. Er führt sie an seinen Brunnen. Dann wirft er einen Stein hinein und fordert seine Besucher auf, hineinzusehen. Sie sehen nur Wellen. Dann läßt er sie warten, bis alles ruhig ist. Nun sehen sie sich wie in einem Spiegel. Nur wer den Mut hat, in seinem Kellion zu bleiben und im Schweigen in den Spiegel seiner Seele zu schauen und seine Wahrheit vor Gott auszuhalten, findet den Weg zu wahrer Ruhe.

Der achtsame Türhüter

Ein anderes Bild, das die Mönche gerne benutzen, um ihren Weg der Ruhe zu beschreiben, ist das des Türhüters. Evagrius fordert in einem Brief einen befreundeten Mönch auf, er solle ein aufmerksamer Türhüter sein: „Sei ein Türhüter deines Herzens, und laß keinen Gedanken ohne Befragung herein. Befrage einen jeden Gedanken (einzeln), und sprich zu ihm: Bist du einer der unseren oder einer unserer Gegner? Und wenn er zum Hause gehört, wird er dich mit Frieden erfüllen. Wenn er aber des Feindes ist, wird er dich durch Zorn verwirren oder durch eine Begierde erregen." Er soll also jeden Gedanken befragen, der in das Haus des Geistes eintreten möchte, ob er zu ihm gehöre oder nicht, ob er ihm guttue oder nicht. Auf diese Weise kann er sein Haus vor Hausbesetzern schützen, vor negativen Gefühlen, die sich im Haus breitmachen und uns in Unruhe versetzen. In das Haus des Geistes dürfen nur Gedanken eintreten, die Gott entsprechen und die dem Menschen nicht schaden. Auf diese Weise kann der Mönch den inneren Frieden bewahren. Er bleibt Herr in seinem Haus und erhält das Haus offen für Gott, damit er darin wohne und es mit seinem Frieden erfülle.

Die Mönche nennen diese Haltung, die im Bild des Türhüters ausgedrückt wird, auch „nepsis“: Wachsamkeit, Achtsamkeit, genaue Beobachtung der Gedanken und Gefühle. Nepsis ist ein wesentlicher Weg zur Herzensruhe. Wenn ich achtsam in allem bin, was ich tue, dann kann mich ein Konflikt nicht so leicht aus der Ruhe bringen. Ich bin bei mir, und so haben andere nicht die Macht, mich von mir wegzubringen. Bei mir sein, in mir ruhen, achtsam im Augenblick sein, wach sein bei allem, was auf mich einströmt, das sind für die Mönche bewährte Wege zur inneren Ruhe. Ein anderer Weg, um zur Herzensruhe zu gelangen, beginnt bei den Sorgen, die der Mönch zuerst überwinden muß. So rät Abba Poimen einem Mönch, der überall nach der Ruhe gesucht, sie aber nicht gefunden hat: „Geh, such dir eine zahlreiche Menge, bleibe unter ihr, und lebe wie einer, der nicht existiert, und sage: Ich bin ohne Sorge. So wirst du die höchste Ruhe haben“ (Eth Coll 14,66). Die Mönche nennen nicht umsonst die Ruhe auch amerimnia (= Sorglosigkeit, Freiheit von Sorgen). Aber es ist schon ein eigenartiger Weg, auf dem Poimen hier die Sorglosigkeit sucht. Mitten unter den Menschen möchte er wie einer sein, der nicht existiert. Mitten unter den Menschen fühlt er sich wie einer, der nicht dazugehört, wie einer, der fremd ist, weil er nicht nur ein Mensch dieser Erde, sondern auch ein Mensch des Himmels ist. Wenn ich mir bewußt werde, daß in mir ein Bereich ist, der über diese Welt hinausreicht, dann kann ich mitten im Trubel Ruhe bewahren. Denn diesen innersten Bereich geht die äußere Geschäftigkeit nichts an. Das mag uns fremd erscheinen. Aber wenn ich mich mitten in den Aktivitäten des Geschäftsalltags nicht von Erfolg und Mißerfolg, nicht von Anerkennung und Ablehnung definiere, sondern von Gott, dann kann ich mitten in der Verantwortung meiner Arbeit doch innerlich ruhig bleiben.

Das Ziel der Herzensruhe ist das Andenken an Gott (prosoche) oder das beständige Denken an Gott (mneme tou theou). Im Herzensgebet wird das zum ständigen Denken an Jesus Christus, wenn man mit jedem Atemzug das Jesusgebet spricht. Die Ruhe, die der Mönch sucht, ist nicht Selbstzweck. Sie dient dazu, daß der Mönch immer und überall beten kann und ganz und gar auf Gott ausgerichtet ist, daß er eins wird mit Gott. Das ist vor allem das große Thema bei Evagrius Ponticus. Für ihn heißt Kontemplation, daß der Mönch erst einmal alle leidenschaftlichen Gedanken und Sorgen losläßt, dann aber auch alle Bilder und Gedanken von Gott. Erst im reinen Schweigen kann er eins werden mit Gott. Dann erst kann er das Gebet als das größte Geschenk erfahren, das Gott dem Menschen gemacht hat. „Gibt es denn etwas, das besser ist als ein inniger Umgang mit Gott und höher, als ganz in seiner Gegenwart zu leben? Ein Gebet, das durch nichts mehr abgelenkt wird, ist das Höchste, das der Mensch zuwege bringt." Herzensruhe, Gebet und Kontemplation, das ist für Evagrius Ponticus eine Einheit. Der Mönch geht seinen Mönchsweg, um in der Ruhe des Herzens ungestört und ohne Zerstreuungen beten zu können und so mit Gott eins zu werden.

Die Lehre des Griechen Evagrius wurde von Cassian in die lateinische Kirche hineingetragen. Cassian ist einer der Hauptzeugen für Benedikt, der als Vater des abendländischen Mönchtums gilt. Er lebte etwa von 480 bis 547 und hat eine klösterliche Gemeinschaft in Montecassino gegründet und für sie eine Regel geschrieben. Im letzten Kapitel seiner Regel empfiehlt Benedikt ausdrücklich die „Unterredungen" und „Einrichtungen", die beiden Werke Cassians, und nennt sie „Anleitungen zur Tugend für Mönche" (Benediktregel 73). Benedikt setzt in seiner Regel den Weg zum inneren Beten voraus. Im letzten Jahrhundert wurde Benedikt einseitig von der Liturgie hier interpretiert, als ob er der große Liturge gewesen sei. Doch er ist in erster Linie Mönch, der die Lehren des östlichen Mönchtums in die Situation einer Gemeinschaft im Westen hinein übersetzt. Er zeichnet sich dabei aus durch eine große psychologische Weisheit und durch das rechte Maß, das keinen überfordert. Das war wohl der Grund, daß sich diese Regel unter vielen anderen im Westen durchgesetzt und das Mittelalter im Abendland geprägt hat. Ich möchte mich nur auf das Thema der Ruhe und Unruhe bei Benedikt beschränken.

5.
Ruhe und Unruhe

Im Prolog zu seiner Regel läßt Benedikt mit dem Propheten fragen: „Herr, wer darf in deinem Zelte wohnen, oder wer wird ausruhen auf deinem heiligen Berg?" Im Lateinischen steht hier „requiescit". Requies heißt Ruhe, Rast, Erholung. Benedikt versteht den Weg des Mönches also als einen Weg zur Ruhe auf dem Berg Gottes, als einen Weg zur Erholung in Gott. Der Weg dorthin besteht allerdings durchaus im Kampf, im Kriegsdienst, im Befolgen der Worte der Schrift. Der Anfang dieses Kampfes erscheint dem Mönch oft genug hart. Er muß durch das enge Tor des göttlichen Gebotes eintreten. Aber dann „weitet sich das Herz, und mit der unsagbaren Freude der Liebe eilt er voran auf dem Weg der Gebote Gottes". Die Ruhe, die Benedikt versteht, ist nicht eine untätige Ruhe, nicht ein faules Sich-Ausruhen, sondern die Ruhe des weiten Herzens, des offenen Herzens. Der Mönch, der den Weg der Gebote gegangen ist, der mit sich und seinen Leidenschaften gekämpft hat, kommt in seinem Herzen zur Ruhe. Das Herz wird weit, weil nun Gott selbst darin wohnt. Die Ruhe, die Benedikt meint, ist keine sich selbst genügende Ruhe, in der der Mönch sich von der Welt abschließt, sondern eine einladende Ruhe, in der auch die Ruhe finden können, die sich auf den Weg zum heiligen

Berg machen. Es ist eine schöpferische Ruhe, von der alle die leben, die im Umkreis des Klosters leben. Sie wird zu einer Quelle des Segens für alle, die die Gastfreundschaft des Klosters in Anspruch nehmen.

Im Mittelalter haben die Mönche ihr Leben vor allem mit dem Begriff „otium“ und „quies“ beschrieben. Ihr Leben in der Klausur verstehen sie als otium, als innere Ruhe. Sie ist die Bedingung, um Weisheit zu erlangen. Sie verstehen ihre Ruhe als Vorwegnahme der himmlischen Ruhe, die uns erwartet. Der Mönch ist wesentlich ein otiosus, einer, der unbeschäftigt ist, der frei ist für Gott (vacans deo), im Gegensatz zum Menschen in der Welt, der negotiosus ist, der beschäftigt ist mit tausend Dingen. Frei sein für Gott, die Ruhe bei Gott genießen, unbeschäftigt sein, Muße haben für Gott, darin sehen die Mönche des Mittelalters das Wesen ihres Lebens. Aber es ist keine Ruhe, die nur um sich selbst kreist. Sie verwirklicht sich vielmehr gerade im Tun. Daher verlangt Benedikt die innere Ruhe vor allem vom Abt und vom Cellerar, von den beiden wichtigsten Führungsgestalten im Kloster.

Vom Cellerar, der für die wirtschaftlichen Belange des Klosters verantwortlich ist, fordert Benedikt, daß er nicht aufgeregt (turbulentus) sei, daß er weise und nüchtern sei und die Brüder nicht betrüben soll. Er soll bei seiner Aufgabe auch für sich selbst sorgen und sich nicht überfordern, damit er immer mit Gleichmut (aequo animo) sein Amt verrichten kann. Die Erwartungen, die Benedikt an den Cellerar stellt, könnten heute durchaus auch für Manager gelten.

Allzuoft geschieht es in den Firmen, daß Manager, die innerlich zerrissen sind, auch um sich nur Unruhe und Hektik verbreiten. Weil sie mit ihren Emotionen nicht zurechtkommen, stiften sie auch bei ihren Mitarbeitern Verwirrung. Benedikt stellt deswegen so hohe Ansprüche an den Cellerar, daß er fähig werde, die Gemeinschaft so zu leiten, daß „im Hause Gottes niemand verwirrt (perturbetur) oder traurig wird". Er soll durch seine ruhige Art selbst Ruhe ausstrahlen und so den Menschen dienen. Viele Menschen leiden heute unter ihren Abteilungsleitern, weil sie mit ihrer inneren Unruhe die Mitarbeiter anstecken. Der Aufgeregte hat seine Mitte verloren. Er läßt sich ständig von außen bestimmen. Er läßt sich von jedem Konflikt in Beschlag nehmen, ohne ihn aus gesunder Distanz in aller Ruhe anschauen und lösen zu können. Statt aufgeregt soll der Cellerar die Ausgeglichenheit der Seele besitzen und mit Gleichmut (aequo animo) arbeiten. Der Gleichmut ist ein Ideal der stoischen Philosophie. Der Mensch soll gelassen sein, frei von Affekten, ohne daß er sich von Emotionen hinreißen läßt. Er soll innere Ruhe ausstrahlen. Nur aus dieser inneren Ruhe und Gelassenheit heraus wird der Cellerar mit den Brüdern so umgehen können, daß sich jeder geachtet fühlt, selbst wenn er unvernünftige Wünsche hat. Nicht der wirtschaftliche Erfolg zählt bei Benedikt, sondern die Achtung des einzelnen und das Klima der Ruhe und des Friedens, das in der Gemeinschaft herrscht, und die Seelenruhe des einzelnen. Traurigkeit schafft Unruhe. Wenn der Cellerar die Brüder von oben herab behandelt, würde er sie verärgern. Die

Unruhe, die er dadurch erzeugt, würde auch sein wirtschaftliches Handeln beeinträchtigen. Effektiv kann der Cellerar nur wirtschaften, wenn er unter seinen Brüdern ein Klima der Achtsamkeit und Ehrfurcht erzeugt. So könnten die Erfahrungen der Regel in Führungsseminare für Manager eingehen und ihnen bei ihrer Leitungsaufgabe neue Wege weisen.

Der eigentliche Führer des Klosters ist der Abt. Auch vom Abt verlangt Benedikt, daß er mit innerer Ruhe und Sicherheit sein Amt ausübe. Und er zählt Haltungen auf, die diese Ruhe verhindern. Da heißt es vom Abt: „Er sei nicht aufgeregt oder ängstlich, nicht maßlos oder engstirnig, nicht eifersüchtig oder argwöhnisch, weil er sonst nie zur Ruhe kommt“ (Benediktregel 64,16). Da ist einmal die Angst. Wer Angst hat, kommt nie zur Ruhe. Das kann die Angst vor der Meinung der andern sein. Dann kann ich nie stehen lassen, was ich gesagt habe. Nach jedem Gespräch werde ich die Worte innerlich wiederholen und mir Vorwürfe machen, wenn ich die Worte nicht gut genug gewählt habe. Ich werde überlegen, was der andere wohl von mir denken könnte, ob er wohl enttäuscht sei, ob er wohl meine Unsicherheit und meine Unklarheit bemerkt habe. Angst treibt mich immer um. Sie verhindert wirkliches Ausruhen. Die zweite Eigenschaft, die die Ruhe verhindert, ist das Aufgeregtsein: turbulentus. Es bedeutet: unruhig, stürmisch, voller Verwirrung, Unruhe erregend. Da ist ein Mensch, der nicht klar durchblickt, der keinen Blick hat für seine Leidenschaften, der vielmehr von ihnen hin und her geworfen wird. Er ist nicht bei sich, er wird vom Sturm vieler Gedanken verwirrt und beunruhigt. Und er wird von den verschiedensten Emotionen, die ihm von seinen Mitmenschen entgegenkommen, bestimmt. Gerade der Abt wird mit vielen negativen Emotionen seiner Mitbrüder konfrontiert. Wenn er sich da in die unklaren Gefühle hineinziehen läßt, kann er nicht mehr führen, dann entsteht um ihn herum ein Gefühlsbrei, ein Sumpf von unklaren Emotionen, der alle immer tiefer in sich hineinzieht und jede klare Führung verhindert.

Ein anderer Grund zur Unruhe ist die Maßlosigkeit. Maßlosigkeit kennzeichnet den heutigen Menschen. Er findet kein Maß für das, was er braucht, was er möchte, was er leisten kann. Immer möchte er noch mehr. Nie ist er zufrieden mit dem, was er erreicht hat. Er kann das Gegenwärtige nicht genießen. Er möchte immer noch mehr. Er kann sich nicht auf den Augenblick einlassen, sondern ist immer schon weiter. Er denkt sich immer neue Strategien aus, wie er mehr Geld verdienen könnte, wie er seinen Besitz vermehren, wie er seine berufliche Karriere in neue Bahnen lenken könnte. Er kann sich nicht über sein neues Haus freuen. Denn schon sieht er bei einem Freund, wie der sein Haus ganz anders gebaut hat. Er kann seinen Urlaub nicht genießen, weil er sich schon ausdenkt, wohin er nächstes Jahr wohl fliegen könnte.

Die vierte Haltung, die innere Ruhe verhindert, ist die Engstirnigkeit. Obstinatus heißt es im Lateinischen. Es kann bedeuten: fest entschlossen, hartnäckig, unveränderlich. Da beißt sich jemand fest an einem Entschluß, den er einmal gefaßt hat. Er ist unbeweglich. Er kann nicht ab- und zugeben. Diese Engstirnigkeit, oder wie der Hebräerbrief es nennt, die Verhärtung, hindert uns daran, zur Ruhe zu kommen. Wenn ich engstirnig bin, ärgere ich mich über alles, was über diese Enge hinausgeht. Man könnte meinen, die Verneinung jeder Bewegung und Veränderung könnte doch gerade der Ruhe förderlich sein. Aber das Gegenteil trifft zu: wer sich so fest an etwas klammert, der findet keine wirkliche Ruhe. Er möchte die Ruhe durch einen klaren äußeren Entschluß festmachen. Aber bei aller äußeren Unveränderlichkeit wird seine Seele aufgewühlt werden. Die verschiedenen Gedanken werden in seinem Herzen gegeneinander streiten und ihm die innere Ruhe rauben.

Die Eifersucht ist ein weiteres Hindernis für die Erfahrung echter Ruhe. Goethe hat die Eifersucht als eine Leidenschaft definiert, die mit Eifer sucht, was Leiden schafft. Wer von Eifersucht heimgesucht wird, der weiß, wie sie ihn umtreiben kann. Er kann sich noch so sehr einreden, daß seine Frau ihm treu ist. Aber wenn er sich konkret vorstellt, daß sie gerade mit diesem Mann spricht, dann nützen alle rationalen Überlegungen nichts. Er kommt einfach nicht zur Ruhe. Er quält sich den ganzen Abend, bis seine Frau nach Hause kommt. Umgekehrt geht es der Frau genauso, die weiß, daß ihr Mann eine hübsche Sekretärin hat, mit der er sich gut versteht. Sie kann sich noch so darum bemühen, ihm zu vertrauen, immer wird sie die Eifersucht quälen. Sie wird sich tausend Gedanken machen, wie die beiden miteinander umgehen. Und sie kommt nie zur Ruhe. Sie kann die eifersüchtigen Gedanken und Gefühle einfach nicht abstellen.

Die sechste Haltung, die die Erfahrung der Ruhe verhindert, ist der Argwohn. Suspiciosus heißt es im Lateinischen. Es kommt von sub specie spicere, unter dem Anschein sehen, auf etwas insgeheim sehen, im Verdacht haben, Argwohn haben gegen jemanden. Das deutsche Wort „arg", das in Argwohn steckt, meint schlimm, böse, schlecht. Argwohn ist eine schlimme Vermutung. Die zweite Silbe „wohn" kommt von wan = Meinung, Hoffnung, Verdacht. Der Argwöhnische hat eine schlechte Meinung vom andern. Er setzt keine Hoffnung auf ihn, sondern hegt schlimme Befürchtungen. Er ist mißtrauisch. Er hat kein Vertrauen zum andern, er traut ihm nichts zu. Er glaubt ihm nicht, und er erhofft sich nichts von ihm. Er schreibt ihn ab. Solcher Argwohn, solches Mißtrauen macht unruhig. Denn ständig muß ich auf der Lauer liegen, daß der andere mir nicht schadet. Ich traue ihm ja alle Schlechtigkeit dieser Welt zu. So muß ich mich stets in acht nehmen.

Der Abt soll sich vor diesen sechs negativen Haltungen hüten. Sonst kommt er nie zur Ruhe. Der Abt soll also Ruhe ausstrahlen, um eine Mönchsgemeinschaft führen zu können. Die Frage ist, wie er zu dieser Ruhe finden soll. Das gibt Benedikt selbst in seiner Regel nicht an. Aber wir können den Weg aus der monastischen Tradition erkennen, der Benedikt folgt. Es ist der Weg der Auseinandersetzung mit den neun Logismoi, mit allen Gedanken und Gefühlen.

Wenn ich mich selbst mit all meinen Leidenschaften wahrgenommen und angenommen habe, dann höre ich auf, meine unterdrückten Bedürfnisse auf die anderen zu projizieren, meine Befürchtungen und Ängste mir selbst gegenüber in die andern hinein zu verlagern. Wenn ich mich mit meinen Leidenschaften ausgesöhnt habe, dann werden mich auch die andern nicht aus meiner inneren Ruhe herauslocken. Ich bin bei mir zu Hause. Ich bin im Einklang mit mir und mit meinen Leidenschaften. Nichts Menschliches ist mir fremd. So lasse ich mich nicht so leicht aus der Fassung bringen, wenn mir aggressive oder feindliche Gefühle von andern entgegenkommen. Ich traue selbst dem, der mir übel mitspielt, noch zu, daß er einen guten Kern hat. Dieses Vertrauen ermöglicht mir die Ruhe inmitten einer großen Gemeinschaft. Wenn ich alle kontrollieren möchte, weil ich Angst habe, daß die andern unreif sind und die Regel sicher übertreten, dann bin ich in ständiger Unruhe. Ich muß auf der Lauer liegen, damit ja nichts Negatives in der Gemeinschaft, in der Firma, geschieht. Aber gerade mit meiner mißtrauischen Kontrolle werde ich Mechanismen in Gang setzen, die diese Kontrolle umgehen. Ich werde also nie ans Ziel kommen, nie ruhig schlafen können.

So zeigt Benedikt, daß die Ruhe nicht etwas ist, in der der Mönch nur um sich kreist oder nur offen ist für Gott. Sie ist vielmehr die Voraussetzung für ein effektives Handeln, für eine Führung, die Frucht trägt. Ob einer innerlich wirklich ruhig geworden ist, das erweist sich gerade im Tun. Ruhe im Tun, Ruhe in der Verantwortung, Ruhe mitten in den

Konflikten des Alltags, das ist nach Benedikt die eigentliche Ruhe, um die es ihm geht. Mit diesen Gedanken hat Benedikt nicht nur den östlichen Mönchsweg in die Situation des Westens übersetzt. Er könnte damit auch unserer Zeit einen Weg weisen, wie Menschen, die mitten in der Welt stehen, den Weg der Herzensruhe gehen können. Viele, die heute in Wirtschaft, Kirche und Gesellschaft Verantwortung tragen, sehnen sich danach, mitten in den Turbulenzen, in denen sie stehen, die innere Ruhe zu bewahren, ihre Arbeit aus der inneren Ruhe heraus zu bewältigen. Die Ruhe mitten im Tun zu bewahren, das ist letztlich das Programm, das das benediktinische „Ora et labora" für heute verkünden möchte. Ich merke bei mir sehr deutlich den Unterschied, ob ich mich von den Problemen in der Verwaltung bestimmen lasse oder ob ich aus dem inneren Ort der Ruhe heraus auf die Konflikte reagiere, mit denen ich konfrontiert werde. Wenn ich mich in die Konflikte hineinziehen lasse, lähmen sie mich und rauben mir meinen Schwung. Ich gehe dann im Problematisieren auf, ohne eine Lösung zu finden. Wenn ich aber alles aus der Gelassenheit innerer Ruhe heraus betrachte, dann kommen viel leichter Ideen in mir hoch, die mir einen Weg aus der Sackgasse weisen.

Für mich ist das benediktinische Programm heute eine Chance, mitten in der Hektik unserer Zeit Wege zu finden, die Ruhe zu bewahren und dadurch effektiver in diese Welt hineinwirken zu können. Wenn ich im Fernsehen Diskussionen zwischen Politikern oder Wirtschaftlern ansehe, erkenne ich sehr selten diese innere Ruhe. Da reagieren die

Diskussionspartner aggressiv auf Kritik, da will sich jeder auf Kosten des anderen profilieren. Da begegne ich selten Menschen, die ohne den inneren Druck, als Sieger hervorgehen zu müssen, gelassen und ruhig reden. Da sehe ich selten Menschen, denen man die innere Freiheit ansieht. Viel öfter schauen mir da genervte, gestreßte und ruhelose Gesichter entgegen. So aber kann kein Gespräch entstehen, das weiterführt.

6.
Das unruhige Herz

Neben Cassian schöpft Benedikt in seiner Regel auch immer wieder aus den Werken des hl. Augustinus. Augustinus ist einen sehr unruhigen Weg gegangen. Überall hat er nach der Wahrheit gesucht, und immer wieder wurde er enttäuscht. Seine ruhelose Suche nach der Wahrheit hörte erst auf, als er Gott begegnet ist, wie ihn die Bibel beschreibt. So schreibt er in seinem autobiographischen Buch „Confessiones = Bekenntnisse“: „Unruhig ist unser Herz, bis es ruht in dir, mein Gott.“ Augustinus weiß aus der eigenen Lebensgeschichte, daß Gott uns zu sich hin geschaffen hat und daß wir nur in Gott zur Ruhe finden können. Gott allein kann unsere tiefste Sehnsucht erfüllen. Für Augustinus ist der Mensch wesentlich einer, der sich sehnt. Er sehnt sich nach Erfolg, nach Besitz, nach einem Freund, nach einem Menschen, der ihn liebt. Aber in all diesen Sehnsüchten sehnt er sich letztlich nach Gott, nach wahrer Heimat, nach absoluter Liebe, nach absoluter Geborgenheit. Augustinus ist selbst ein Mensch mit einer tiefen Sehnsucht nach Ruhe und Heimat. In den „Confessiones“ fragt er: „Wer gibt mir, daß ich Ruhe finde in dir? Wer gibt mir, daß du kommest in mein Herz und es trunken machest, daß ich vergesse meine Sünden und dich umfange, du mein einzig Gut?“ Und er gibt selbst die Antwort: „Ruhelos ist unser Herz, bis es Ruhe findet in dir."

Die „Confessiones" sind das erste Buch eines Theologen, der persönlich von sich spricht. Gerade wegen seiner Subjektivität ist es daher ein modernes Buch. Augustinus beobachtet genau seine Seelenregungen, seine Ruhelosigkeit, seine tiefe Sehnsucht nach Gott, die ihn in aller Unruhe erfüllt. Für mich ist Augustinus bei aller Zeitbedingtheit nach wie vor ein moderner Theologe. Denn er glaubt, daß sich jeder Mensch, auch der, der nach außen hin gar nicht religiös erscheint, sich im Grund nach Gott sehnt. Die tiefste Triebfeder dafür, daß der Mensch so ruhelos danach sucht, was ihn glücklich und zufrieden macht, ist letztlich die Sehnsucht nach Gott. Auch der, der sich leidenschaftlich für seinen Verein einsetzt, der mit ganzer Kraft seinen Besitz vermehrt, der sich immer neu in eine Frau verliebt, der für bessere Lebensverhältnisse kämpft, wird letztlich von der Sehnsucht nach Gott bestimmt. Wenn ich zu Ende denke, was mich im Tiefsten umtreibt, wenn ich mich nach Besitz, nach sexuellem Einssein, nach einem erfüllten Urlaub sehne, dann werde ich bald merken, daß kein noch so großer Besitz meine Sehnsucht stillen kann, keine noch so schöne Frau und kein noch so großartiger Urlaub. Letztlich ist es Gott, nach dem wir uns sehnen. Und erst wenn wir Gott als Ziel unserer Sehnsucht erkennen, kommen wir in unserer ruhelosen Suche nach Glück zur Ruhe. Augustinus kann diese Sehnsucht nach Gott in verschiedenen Bildern ausdrücken. Es ist die Sehnsucht nach dem seligen

Leben, nach Glück. Es ist die Sehnsucht nach wahrer Freude, nach Heimat.

Der Mensch, der seine Sehnsucht verdrängt, ersetzt sie durch die Sucht. Die Sucht ist immer Ausdruck einer unterdrückten und nicht eingestandenen Sehnsucht. Die Sucht treibt den Menschen zu immer neuer Bedürfnisbefriedigung. Er muß ständig Alkohol trinken oder eine Droge nehmen. Der Arbeitssüchtige hat nie genug. Immer muß er noch mehr arbeiten. Er wird von seiner Sucht getrieben. Die Unruhe, die heute viele erfaßt hat, ist oft Ausdruck der Sucht, die sie bestimmt. Die Sucht macht den Menschen unersättlich. Letztlich ist die Sucht ein Festhalten an der nährenden Mutter. Man möchte ständig die Mutter bei sich haben, die einem alles gibt, was man braucht. Aber die Ruhe, die das Kind bei der Mutter gefunden hat, findet der Süchtige bei seinem Muttersatz nicht. Im Gegenteil, er wird nur noch hin und her getrieben. Er ärgert sich, daß er noch abhängig ist von seiner Mutter, und kommt doch nicht los. Er verurteilt sich, daß er trinkt, und trinkt doch immer wieder. So wird die Sucht zu einem Teufelskreis, der den Menschen sich immer schneller drehen läßt, bis er am Ende ist und am Boden liegen bleibt. Die Frage ist, wie wir aus diesem Teufelskreis ausbrechen können.

Für Augustinus besteht der Weg zur Ruhe darin, daß wir wieder mit unserer Sehnsucht in Berührung kommen, daß wir unsere Süchte wieder in Sehnsucht verwandeln. In der Sehnsucht erfahren wir, daß in uns ein weltjenseitiger Kern liegt, etwas, das diese Welt übersteigt. Wenn wir mit unserer Sehnsucht in Kontakt sind, dann können wir auf einmal einverstanden sein mit unserem Leben, so wie es ist. Dann können wir uns verabschieden von den Illusionen, die wir uns vom Leben gemacht haben und die uns in die Unzufriedenheit getrieben haben. Unser Leben muß gar nicht perfekt sein. Es muß nicht alle unsere Wünsche erfüllen. Es bleibt ja noch ein Rest, den allein Gott erfüllen wird. Wenn ich die Sehnsucht nach Gott in mir spüre als den eigentlichen Stachel, der mich lebendig hält, dann relativiert sich hier alles. Ob ich jetzt Erfolg habe oder nicht, spielt nicht mehr die entscheidende Rolle. Ob ich mit meinem Beruf zufrieden bin oder nicht, ist nicht mehr so wichtig. Ich kann auf alles gelassen herabsehen. Denn in der Sehnsucht habe ich einen Punkt in mir, der das Alltägliche übersteigt. Und dieser Punkt ist der Ruhepunkt in allen Turbulenzen meines Lebens. Er befreit mich von der Unruhe, die mich hier schon die Erfüllung meiner Wünsche suchen läßt. Wenn ich weiß, daß allein Gott meine tiefste Sehnsucht erfüllt, dann kann ich ruhig und gelassen ja sagen zu dem Leben, wie es halt ist, mit allen Höhen und Tiefen, mit seinen Begrenzungen und Behinderungen.

7.
Wege zur Ruhe heute

Die spirituelle Tradition hat viele Methoden entwickelt, wie wir zur Ruhe kommen können. Das Ziel der geistlichen Methoden war allerdings nicht in erster Linie die Ruhe, sondern das Gebet. Die Grundfrage der geistlichen Lehrer war, wie wir so beten können, daß wir mit Gott eins werden. Für Evagrius war es das höchste Ziel, ohne Zerstreuung zu beten. Das gelingt nur, wenn uns die Gedanken und Gefühle, die Leidenschaften und Bedürfnisse nicht mehr stören. Die Gedanken können aber nicht mit einem einfachen Willensentschluß beiseite geschoben werden. Es ist ein langer Prozeß geistlichen Ringens, bis wir in einen Zustand der Ruhe gelangen, in dem wir ungestört und ohne abgelenkt zu werden, beten können. Schon für die frühen Mönche ist es dabei wichtig, richtige Methoden zu entwickeln. Evagrius meint, wer ohne Methode kämpfe, würde vergebens kämpfen. Daher haben die geistlichen Väter soviel Wert auf die richtige Methode gelegt. Sie muß die Psyche des Menschen berücksichtigen. Sie darf sich nicht gegen die psychische Struktur des Menschen richten, sondern muß um die psychologischen Gesetze der Seele wissen. Es gab in der Tradition immer wieder auch unerleuchtete Wege, die den Menschen seelisch vergewaltigt haben. Doch die eigentliche geistliche Tradition hat sich immer an Wege gehalten, die den Menschen wirklich zum Leben führen, zur Freiheit und zur inneren Ruhe.

Auch wenn es viele bewährte Wege aus der Tradition gibt, so hat es wenig Sinn, all diese Wege auf einmal zu gehen. Jeder muß für sich selbst herausfinden, welcher Weg für ihn in seiner momentanen psychischen Verfassung geeignet ist. Dabei darf er nicht nur etwas an einer Methode nippen und dann zur nächsten übergehen. Solche Wege müssen konsequent gegangen werden, damit wir darauf ans Ziel gelangen. Aber wir dürfen uns die Methoden auch nicht einfach überstülpen, nur weil sie bewährt sind. Wir müssen ein feines Gespür entwickeln, was für uns jetzt stimmt. Und wir sollten in unserer persönlichen Tradition, in unserer Lebensgeschichte nachschauen, was wir selbst schon als Weg entdeckt haben, der uns zur Ruhe und zu Gott führt. In der geistlichen Begleitung frage ich immer wieder, wann und wo sich jemand als Kind am wohlsten gefühlt hat, wo er sich ganz vergessen konnte, wo er ganz im Augenblick war. Wenn jemand das genauer anschaut und reflektiert, wird er für sich den Weg finden, der ihm heute hilft, zu sich zu kommen, innerlich ruhig zu werden und offen für Gott. Beide Spuren sollten miteinander ins Gespräch kommen: die Spur der überlieferten Methoden und die Spur meiner spontan selbst gefundenen Wege. Dann werde ich den Weg finden, der mich heute zur Ruhe führt, zum Einklang mit mir selbst und zum Einswerden mit Gott.

Meditation

Der klassische Weg zur Ruhe ist der der Meditation. Die christliche Meditation, die seit dem 3. Jahrhundert geübt wird, verbindet den Atemrhythmus mit einem Wort. Schon das Achten auf den Atem lenkt das Bewußtsein nach innen und erzeugt Ruhe. Solange wir im Kopf bleiben, sind wir immer unruhig. Denn der Kopf läßt sich nicht so leicht beruhigen. Da schwirren die Gedanken immer hin und her. Im Ausatmen können wir uns vorstellen, wie wir all die Gedanken, die immer wieder hochkommen, einfach abfließen lassen. Wenn wir das eine Zeitlang tun, werden wir innerlich ruhig. Dann können wir den Atem mit einem Wort verbinden. Wir können z.B. beim Einatmen still sagen: „Siehe" und beim Ausatmen „Ich bin bei dir". Es ist ein Wort, das Gott uns beim Propheten Jesaja zusagt. Ich muß mich bei dieser Meditation gar nicht konzentrieren. Ich spreche das Wort in all die Gedanken und Gefühle hinein, die auftauchen. Es darf alles hochkommen. Aber ich grüble nicht nach über die Gedanken, sondern ich halte in sie den Atem und das Wort hinein. Dann wandeln sich die Gedanken und Gefühle. Sie sind nicht mehr so bedrängend. Auch wenn sie immer wieder hochkommen, fühle ich mich mitten in der Gedankenflut ruhig. Ich habe einen Anker – das Wort mit dem Atem verbunden –, der das Schiff meines Herzens inmitten der tosenden Gedankenwellen festhält.

Der andere Weg besteht darin, daß ich die Gedanken gar nicht beachte, sondern daß ich meinen Geist durch das

Wort binde und sammle. Und ich lasse meinen Geist an der Leiter des Wortes hinabsinken in den inneren Raum der Stille. Ich lege in das Wort und in den Ausatem meine ganze Sehnsucht nach der „Sabbatruhe Gottes", nach dem inneren Ort der Ruhe. Dann kann es sein, daß mich Wort und Atem für einen Augenblick dorthin tragen, wo es in mir ganz still ist, wo aller Lärm verstummt und das unruhige Herumdenken zur Ruhe kommt. Die Mystiker sind davon überzeugt, daß in uns ein Raum des Schweigens ist, in dem Gott wohnt. Dorthin haben die Gedanken und Gefühle, die Pläne und Überlegungen, die Leidenschaften und die Verletzungen keinen Zutritt. Dort haben auch die Menschen mit ihren Erwartungen und Ansprüchen keinen Zutritt. Es ist ein Raum der Stille. Ich muß ihn gar nicht schaffen. Er ist schon in mir. Aber ich bin oft genug davon abgeschnitten. Die Meditation will mich wieder in Berührung bringen mit diesem inneren Ort. Der Kopf ist vielleicht noch weiter unruhig. Da jagen sich die Gedanken weiter hin und her. Aber tief unten ist es still. Da kann ich mich fallen lassen. Ken Wilber vergleicht die Meditation mit dem Eintauchen in das Meer. Oben ist das Meer unruhig. Da gehen die Wellen und Wogen hin und her. Aber je tiefer wir nach unten tauchen, desto ruhiger wird es. Meditation ist das Eintauchen in die innere Ruhe, die auf dem Grund unseres Herzens in uns verborgen ist. Die Redewendung „zur Ruhe kommen" meint ja, daß die Ruhe schon da ist, daß wir sie nicht erst herstellen müssen. Sie ist in uns als ein Raum, zu dem wir hinkommen dürfen.

Die Meditation ist der Weg, auf dem wir zum inneren Ort der Ruhe kommen.

Meditation heißt nicht, daß wir immer ganz still sein müssen. Wir dürfen uns da nicht unter Leistungsdruck setzen. Meditation hat nichts mit Konzentration zu tun. Die Gedanken werden weiter auftauchen. Wir können sie nicht abstellen. Aber wenn wir sie nicht beachten, wenn wir durch Wort und Atem immer tiefer in den eigenen Seelengrund gelangen, dann kann es sein, daß es für einen Augenblick ganz still ist in uns. Ich spüre dann: jetzt berühre ich das Eigentliche. Jetzt bin ich ganz da, ganz bei mir, ganz bei Gott. Jetzt ist in mir der Raum der Stille, den niemand von außen betreten kann, in dem mich niemand erreichen, niemand beunruhigen kann. Dort finde ich wirklich zur Ruhe. Aber ich darf mich nicht ärgern, wenn ich im nächsten Augenblick schon wieder abschweife und irgendwelche Probleme auftauchen. Ich weiß, daß da tief in mir ein Raum ist, wo das alles nicht hindringen kann, in dem ich einfach bin. Es ist der Raum, in dem Gott selbst in mir wohnt. Gott befreit mich von der inneren und äußeren Unruhe. Er befreit mich von den Meinungen, die andere über mich haben, von ihren Erwartungen und Urteilen, von ihrer Eifersucht, von ihren Verletzungen. Allein die paar Augenblicke, in denen ich diesen inneren Raum in mir spüre, genügen, um mir auch für den Rest des Tages das Gefühl zu vermitteln, daß da trotz aller äußeren Hektik etwas Unberührbares in mir ist, ein Raum der Ruhe, der von den äußeren Anforderungen und Konflikten nicht angetastet wird.

Wege über den Leib

Die frühen Mönche wissen, daß es uns manchmal gar nicht helfen kann, uns zur Meditation hinzusetzen. Dem, der von seinen Leidenschaften hin und her gezerrt wird, raten sie, erst ein paarmal um sein Kellion zu gehen. Wenn wir zu aufgewühlt sind, dann ist es besser, erst einmal die Unruhe durch einen längeren Spaziergang oder einen Waldlauf zu vertreiben. Im Gehen kann ich mich freigehen von der inneren Unruhe, von Problemen, die mich umtreiben. Der dänische Religionsphilosoph Sören Kierkegaard hat die Erfahrung gemacht, daß es keinen Kummer gibt, den er sich nicht weggehen kann. Auch im ruhigen Laufen kann ich mich freilaufen von dem, was mich beschäftigt. Allerdings wird das nicht gelingen, wenn mein Joggen von einem inneren Leistungsdruck geprägt ist, wenn ich immer nur die Kilometer zähle, die ich mir als Pensum vorgenommen habe. Ich muß mich ganz der Bewegung überlassen. In der Bewegung übernehme ich das innere Bewegtsein und bringe es zur Ruhe. Wenn ich mich nach einem Spaziergang im Zimmer zur Meditation hinsetze, dann bin ich viel ruhiger als vorher. All die innere Unruhe ist verflogen. Gerade in unserer hektischen Welt brauchen wir leibhafte Weisen, um die Unruhe zu vertreiben. Das kann neben dem Spazierengehen oder Laufen auch eine Gartenarbeit sein. Wenn ich mit dem Leib meinen inneren Dampf ablasse, kann ich nachher viel ruhiger sein.

Ein anderer Weg, über den Leib zur Ruhe zu kommen, sind autogenes Training oder Eutonie. Bei beiden Methoden versuche ich, das Bewußtsein in den Leib zu verlagern. Das autogene Training arbeitet mit der Methode der Autosuggestion. Ich stelle mir z. B. vor, wie mein rechter Arm warm und schwer wird. Indem ich den Leib zur Ruhe bringe, kommen auch die inneren Turbulenzen zur Ruhe. Für viele ist das autogene Training ein guter Weg geworden, von der Arbeit abzuschalten und zur Ruhe zu kommen. In der Eutonie nehme ich die Spannungen wahr, die sich in meinem Leib festgesetzt haben. Indem ich den Atem an die verspannten Stellen meines Leibes hinfließen lasse, können sich die Spannungen auflösen. Die Spannungen im Leib sind immer Ausdruck von psychischen Verspannungen, von dem Druck, den ich mir setze, vom Sich-Festhalten und Sich-Festklammern. Durch die richtige Spannung im Leib (Eutonia = Wohlspannung) bekommt auch die Seele die richtige Spannkraft. Die Unruhe verfliegt, und es entsteht eine schöpferische Ruhe.

Für mich bedeutet der Weg des Leibes auch, in Gebärden vor Gott auszudrücken, was mich bewegt. Manchmal bin ich beim Sitzen zu unruhig. Auch wenn ich mich auf den Atem konzentriere und mich vom Atem in die Ruhe führen lassen möchte, weicht die Unruhe nicht. Dann hilft es mir, die Hände zu einer Schale zu formen und mit meinem ganzen Bewußtsein in den Händen zu sein. Die Gebärde bringt mich zur Ruhe. Denn sie führt mich weg vom Kopf. Wenn ich ganz in einer Gebärde bin, dann hört der innere

Lärm auf. Ich muß dann nichts denken, auch keine frommen Worte sprechen. Ich bin nur in der Gebärde. Das kann die Gebärde der offenen Hände sein, in der ich mich selbst Gott hinhalte. In den Händen ist ja mein ganzes Sein versammelt. Da bin ich mit allem, was mich ausmacht. Wer in den Händen lesen kann, kann das Wesen eines Menschen darin erkennen. So kann ich in meinen offenen Händen alles, was in mir ist, Gott hinhalten. Dann habe ich das Gefühl, daß es bei Gott aufgehoben ist, daß ich selbst von Gott getragen bin.

Manchmal ist mir nach einer anderen Gebärde zumute. Da ist die Gebärde des Kreuzes. Wenn ich im Sommer um 5.45 Uhr morgens nach der Vigil unsere Bachallee entlang gehe, dann stelle ich mich manchmal in dieser Kreuzgebärde in die Sonne und in die frische Luft des Morgens. Dann fühle ich mich ganz eins, eins mit der Schöpfung, eins mit Gott, eins mit mir selbst, eins mit allen Menschen. Da ist dann keine Spaltung mehr in mir zwischen Himmel und Erde, zwischen Geist und Trieb, zwischen Spiritualität und Sexualität. Da ist alles eins. Das ist für mich eine tiefe Erfahrung. Ich kann die Erfahrung nicht einfach herbeizaubern, auch durch die Gebärde nicht. Aber indem ich die Arme weit ausbreite, erahne ich manchmal, wie das ist, mit allem eins zu sein, all-eins zu sein.

Mit der Unruhe sprechen

Viele beklagen sich darüber, daß sie nicht still werden, wenn sie sich einmal Zeit nehmen für sich. Sie möchten ruhig werden, aber es tauchen ständig Gedanken auf. Sie möchten beten oder meditieren, aber sie werden von einer Flut von Gedanken überschwemmt. Die Mönche raten dann, diese Gedanken genauer anzuschauen. Ich muß mich erst den Gedanken zuwenden. Sie zeigen mir meine Probleme. Wenn ich die anschaue und sie vor Gott halte, komme ich langsam zur Ruhe. Dann erst kann ich wirklich beten. Vielleicht taucht da der Ärger über einen Mitarbeiter auf. Ich kann versuchen, den Ärger zu klären. Aber wenn er trotz aller Meditationsversuche immer noch in mir ist, ist er vielleicht ein Ansporn, wirklich in der Realität etwas zu verändern. Ich kann auf diesen Menschen zugehen und mit ihm klären, was mich an ihm stört. Oder ich kann auf mehr Distanz gehen, damit der andere mich mit seinen Problemen nicht mehr infiziert. Vielleicht kommt in mir Traurigkeit hoch über all das, was ich nicht gelebt habe. Dann muß ich mich erst der Traurigkeit stellen, um durch sie hindurch zur Ruhe zu finden. Das kann sehr schmerzlich sein. Aber nur wenn ich durch den Schmerz hindurchgehe, werde ich zu wahrer Ruhe finden. Wenn ich meine Traurigkeit übergehe, wird sie mich immer wieder einholen oder sich in einer diffusen Unzufriedenheit und Unruhe ausdrücken.

Manche meinen, es seien völlig unwichtige Gedanken, die da in ihnen auftauchen und sie vom Beten oder von der Stille abhalten. Und sie haben den Eindruck, beim Beten komme nichts dabei heraus, es sei nutzlos. Aber dann wäre es eben wichtig, trotzdem diese oberflächlichen Gedanken wahrzunehmen. Das ist ja auch ein Teil von mir. Ich bin eben auch oberflächlich und banal. Ich hänge gerade an äußeren Dingen und könnte mich fragen, warum mir das alles so wichtig ist. Oder ich könnte mich fragen, wem ich mit meiner Oberflächlichkeit ausweiche. Vielleicht entdecke ich dann unterhalb der Oberfläche einiges, das mir nicht so angenehm ist. Vielleicht stoße ich auf mein eigentliches Problem. Alles, was in der Stille in uns auftaucht, hat einen Sinn. Wir sollen es anschauen, ohne zu bewerten. Aber wir sollen damit ins Gespräch kommen, damit es uns sagen kann, wofür es steht. Manchmal ist die Unruhe ein Indiz dafür, daß diese Art von Meditation, die ich gerade übe, für mich gar nicht stimmt, daß ich sie mir nur übergestülpt habe. Dann zeigt mir die Unruhe, daß ich noch nicht am Ziel bin, daß ich noch anderswo weiter suchen muß, bis ich meine Form des Betens gefunden habe. Oder aber die Unruhe zeigt mir, daß da noch viele unerledigte Sachen in mir sind, die ich erst anschauen muß. Die völlig unwichtigen Gedanken, die immer wieder auftauchen, verdecken nur, was darunter an eigentlichen Problemen verborgen liegt. Vielleicht sind die oberflächlichen Gedanken nur der Deckel, den ich über meinen inneren Vulkan halte, weil ich Angst habe, diesen Vulkan anzuschauen.

Eine Frau beklagte sich immer wieder, daß ihr Beten nur Zeitverschwendung sei, weil sie an tausend nichtige Sachen denke. Sie wollte nach einem Trick suchen, um endlich konzentriert beten zu können, so beten zu können, daß es vor dem Urteil des eigenen Über-Ichs standhielt. Es dauerte lange, bis sie hinter den oberflächlichen Gedanken ihre wahren Bedürfnisse und ihr ungelebtes Leben anschauen konnte. Das hat sie am Beten gehindert. Und es war gut, daß sie es gehindert hat. Denn erst als sie die eigene Wahrheit anschaute, wurde ihr Beten echter und ihr Leben authentischer. Jetzt hat sie sich endlich von dem Korsett befreit, das sie sich auf ihrem spirituellen Weg übergestülpt hat. Sie wollte ihre Unruhe loswerden. Aber sie mußte sich erst mit ihr aussöhnen, damit sie auf einer tieferen Ebene die wahre Ruhe finden konnte. Die unruhigen Gedanken in sich gaben nicht viel her, um ihre eigentliche Problematik zu erkennen. Aber bei genauerem Hinschauen waren sie eben nur ein Schutz davor, daß die Trauer über ihr ungelebtes Leben nicht hochkommen konnte. Manchmal sind diese banalen Gedanken, die uns immer und überall begleiten, nur Ausdruck einer tief verborgenen Verzweiflung über die Sinnlosigkeit unseres Lebens. Aber dieser Verzweiflung wollen wir uns nicht stellen. So weichen wir aus in die Oberflächlichkeit. Die Unruhe, die daraus entsteht, läßt uns aber nicht in Ruhe. Ein Mann erzählte mir, er sei fünfzehn Jahre gut ohne Gott ausgekommen. Er hätte ihn nicht vermißt. Aber was ihn verunsichert hätte, das wäre eine dauernde Unruhe gewesen. Eine Frau habe ihm gesagt: „Du landest noch in der Psychiatrie mit deiner ständigen Unruhe." Erst als er bei einem längeren Klosteraufenthalt in dieser Unruhe seine Sehnsucht nach Gott erkannt hatte, kam er zur Ruhe.

Der größte Feind der Ruhe ist der Druck, den wir uns selbst setzen. Viele möchten frontal gegen ihre Unruhe kämpfen. Aber dann werden sie sie nie los. Sie möchten meditieren und die innere Ruhe genießen. Aber wenn sie dann spüren, was da alles in ihnen auftaucht, ärgern sie sich. Sie können sich selbst nicht aushalten. Oft genug geben sie dann den Versuch wieder auf, innerlich still zu werden. Sie wollen die Unruhe loswerden. Aber es geht nicht darum, sie loszuwerden, sondern sie loszulassen. Es werden immer wieder Gedanken auftauchen. Ich schaue sie an, ich lasse sie sein. Sie dürfen sein. Es darf alles sein, was in mir ist. Indem ich es sein lasse, kann ich zurücktreten, kann ich es dort lassen, wo es ist, in meinem Kopf. Aber mein Selbst ist dann nicht davon berührt. Ich schaue es an, lasse es zu, aber dann relativiere ich es, indem ich mir sage: Jetzt kümmere ich mich nicht mehr darum. Der Gedanke darf immer wieder auftauchen. Ich nehme ihn wahr und lasse ihn sein. Dann beunruhigt er mich nicht mehr. Das ist die Ruhe, die uns vergönnt ist. Die absolute Ruhe, die viele auf Anhieb durch eine Meditationsmethode erreichen wollen, ist eine Stufe zu hoch für uns. Sie ist uns erst im Tod verheißen. Während wir leben, sind wir immer angefochten von vielen Gedanken und Emotionen. Indem wir sie dahinziehen lassen, bleiben wir trotzdem ruhig. Unterhalb des

Bewußtseins, in unserem Herzen, im eigentlichen Selbst, da hat die Unruhe keinen Zutritt. Sie ist nur im Kopf und in unseren Emotionen.

Ordnende Rituale

Viele beginnen den Tag schon hektisch, weil sie in der letzten Minute aufstehen und noch schnell das Frühstück hinunterschlingen. Dann ist ein hektischer Tag schon vorprogrammiert. Und sie schaffen sich unnötig Probleme. Da kommen dann die Frau und die Kinder mit der gleichen mürrischen Haltung zum Frühstückstisch. Keiner will sich stören lassen. Es bedarf nur einer kleinen Bemerkung, und schon herrscht eine gereizte Stimmung. Da bringt man sich mit solch unbewußten und krank machenden Ritualen selbst in unnötige Spannungen und Konflikte. Wenn ich dagegen mit einem guten Ritual den Tag beginne, wenn ich mich mit einem kurzen Gebet unter den Segen Gottes stelle, wenn ich mir Zeit lasse zum Frühstück und es bewußt genieße, dann werde ich anders in den Tag gehen, ruhiger, zufriedener, dankbarer, bewußter. Ich werde im Büro nicht sofort zu diesem und schon im nächsten Augenblick zu etwas anderem greifen. Ich werde eines nach dem andern erledigen. Und so wird der Berg auf dem Schreibtisch geringer. Auch während der Arbeit können gute Rituale Ordnung schaffen und mir mitten in der Hektik wieder Ruhe verschaffen. Da geht ein Bankdirektor während der Mittagspause bewußt in eine Kirche und setzt sich still hin. Er genießt es, einmal nichts tun zu müssen, von niemandem angesprochen zu werden, einfach nur da zu sein. Das gibt ihm wieder Kraft und Ruhe für den Rest des Tages. Für mich ist nach dem Mittagsgebet und dem Mittagessen ein wichtiges Ritual ein kurzer Mittagsschlaf, in dem ich alles loslassen kann, was mich am Vormittag beschäftigt hat. Da ich tagsüber ständig Entscheidungen treffen und agieren muß, tut es mir gut, mich im Mittagsschlaf einfach in Gottes Arme fallen zu lassen. Dann kann ich nach einer halben Stunde wieder regeneriert aufstehen, um mich neuen Aufgaben zu stellen.

Entscheidend sind die Rituale am Ende der Arbeit. Viele kommen aus der Hektik der Arbeit gehetzt nach Hause. Und schon ist der nächste Streit vorprogrammiert. Die Frau freut sich, daß der Mann endlich zu Hause ist. Aber er ist noch gar nicht da. Er ist noch voll von den Problemen, die ihn bei der Arbeit beschäftigt haben. Er möchte am liebsten seine Ruhe haben. Aber die Familie fordert auch ihr Recht. Die Kinder warten auf ihn. Die Frau möchte ihm einiges erzählen, was los war. Er reagiert nur mürrisch und kurz angebunden. Da wäre es gut, nach der Arbeit ein kleines Ritual zu haben, durch das man abschalten und die ganze Unruhe des Tages loslassen kann. Vielleicht genügt es schon, sich ein paar Minuten bequem hinzusetzen und im Ausatmen alles loszulassen, bevor man sein Büro verläßt. Ein anderer setzt sich in sein Auto und fährt nicht sofort los, sondern stellt sich bewußt auf sein Zuhause ein. Ein anderer kann beim Busfahren oder in der S-Bahn vom Arbeitstag abschalten, so daß er dann wirklich da ist, wenn er daheim ankommt. Wir können nicht sofort von der Unruhe zur Ruhe umschalten. Es braucht Übergangsrituale, Rituale, die uns helfen, das Vergangene abzulegen, um uns auf das Neue einlassen zu können.

Rituale zeigen uns, daß wir nicht immer ruhig sein können, daß die Spannung zwischen Ruhe und Unruhe wesentlich zu uns gehört. Rituale sind ordnende Faktoren, die die Unruhe wieder zur Ruhe bringen. Das gilt von der Unruhe, die uns morgens erfaßt, wenn wir an all das denken, was heute auf uns zu kommt. Das gilt von der Unruhe des Arbeitsalltags, von der Hektik, die uns während der Arbeit überkam oder in die wir einfach hineingetrieben wurden. Sie will abends abgelegt werden durch ein Übergangsritual von der Arbeit zum Feierabend, zur „Sabbatruhe". Rituale sind aber auch Übergangsrituale für die Phasen von Unruhe und Ruhe, die es im menschlichen Leben gibt. Da gibt es Umbrüche im Menschen, die immer von innerer und äußerer Unruhe begleitet sind, etwa der Umbruch in der Pubertät oder in der Krise der Lebensmitte. Da wäre es fatal, wenn wir die Ruhe als das höchste Gut mit Gewalt festhalten möchten. Da hat auch die Unruhe ihre Berechtigung. Sie bringt in uns etwas in Bewegung. Sonst würde unsere Ruhe Gefahr laufen, zur Unbeweglichkeit zu erstarren. Aber nach Phasen der Unruhe bräuchte es auch wieder Übergangsrituale zur Phase einer größeren Beständigkeit und Kontinuität. Man könnte solche Übergangsrituale bei ganz bestimmten Geburtstagen feiern, etwa beim 18. oder 40. oder 50. Geburtstag. So ein Tag könnte dann Gelegenheit sein, die Unruhe nochmals ins Wort zu fassen, die einen umgetrieben hat, die Altes durcheinandergewirbelt und Neues ans Licht gebracht hat. Und dann könnte man dem Geburtstagskind etwas schenken, das auf eine neue Phase von Ruhe und Beständigkeit hinweist. Es könnte etwa einer der fünfzig Engel sein, die ich beschrieben habe (vgl. „50 Engel für das Jahr"). Oder es könnte ein schöner Stein sein, den man gefunden hat und der manches ausdrückt von dem, was man am andern erlebt oder ihm wünscht. Oder es könnte ein Buch sein, das zur Ruhe einlädt, oder ein Meditationskurs, den man einem schenkt, damit er sich auf den inneren Weg macht.

Durch solche Rituale könnte zum Ausdruck kommen, daß die Unruhe ja oft notwendig ist, daß Neues wachsen kann. Wir brauchen dann kein schlechtes Gewissen zu haben, wenn wir einige Jahre lang nicht wissen, was wir eigentlich wollen, daß uns da ständig neue Ideen umtreiben. Auch die Unruhe gehört zu unserem Leben. Sie treibt uns an, weiter zu wachsen, nicht zu früh uns zur Ruhe zu legen, sondern wirklich zu leben. Aber dann braucht es auch wieder Phasen der Ruhe, in denen sich etwas setzen kann. Sonst verselbständigt sich die Unruhe. Und wir finden nie, was wir eigentlich suchen. Manchmal braucht die innere Unruhe gerade Zeiten der äußeren Ruhe, damit sie sich überhaupt zu Wort melden kann. Da bedarf es dann eines längeren Rückzugs, um die inneren Impulse zu hören, die einen beunruhigen und einem zeigen, daß das, was man gerade lebt, so nicht mehr stimmt.

Die Ursache der Unruhe erkennen

Viele klagen nur, daß sie nie zur Ruhe kommen. Aber sie fragen nicht nach den Ursachen. Sie möchten die Unruhe in Griff bekommen und kämpfen frontal gegen sie. Aber dann werden sie sie nie überwinden. Denn wenn ich etwas im Griff habe, bin ich ja nicht ruhig, sondern angespannt. Man kann es ja einmal ausprobieren, wie man sich fühlt, wenn man die ganze Zeit die Faust ballt, als Bild dafür, daß ich etwas im Griff haben möchte. Dann verkrampfe ich mich. Es kann nichts mehr fließen. Ich komme nicht zur Ruhe. Ich muß krampfhaft etwas festhalten, weil es mir sonst wieder entwischt. Das ist dann keine Ruhe, sondern ein Erstarren, das zugleich ein ängstliches Starren wird auf das, was jederzeit wieder losbrechen und mich beunruhigen kann.

Wenn ich wirklich zur Ruhe kommen will, muß ich mit meiner Unruhe reden und sie befragen, was sie mir sagen möchte. Die Unruhe ist nie einfach durch die äußeren Lebensbedingungen verursacht. Es ist immer auch ein Grund in mir. Wenn jemand abends nicht abschalten kann, dann nimmt er sich vermutlich zu wichtig. Vielleicht ist er Perfektionist, der sich immer wieder überlegt, ob auch alles richtig war, was er getan hat. Vielleicht ist er ängstlich und zermartert sich den Kopf, ob irgend jemand nicht zufrieden sein könnte mit ihm. Vielleicht richtet sich die Angst auch gegen Gott, vor dem er nicht zu bestehen glaubt. Um die Angst nicht spüren zu müssen, weicht er in die Unruhe aus. Vielleicht braucht er auch die Unruhe, um sich den wahren Problemen nicht stellen zu müssen. Da ist ein Ehemann immer in Hektik, weil er Angst hat, mit seiner Frau seine Beziehung näher anzuschauen. Er weicht den Eheproblemen aus, indem er sich hinter seiner Hektik versteckt. Und er begründet sie auch noch damit, daß er sich ja für die Familie aufopfern würde. In Wirklichkeit ist ihm die Unruhe eine willkommene Flucht, um sich unangenehmen Fragen zu entziehen. So muß ich meine Unruhe aufmerksam anschauen, um ihren Sinn zu erkennen. Denn nur dann werde ich auch einen Weg zu wahrer Ruhe entdecken.

Viele leiden heute unter Schlaflosigkeit. Sie können nur schlecht einschlafen. Und wenn sie eingeschlafen sind, wachen sie nach einigen Stunden schon wieder auf. Manche fühlen sich dann nach einigen Monaten generut und mit ihren Kräften am Ende. Viele versuchen, die Schlaflosigkeit mit Tabletten zu beheben. Doch das ist immer nur eine Notlösung. Schlaflosigkeit hat mit der Unfähigkeit, loszulassen, zu tun. Viele können die Arbeit und die Probleme nicht loslassen. Sie können sie nicht Gott überlassen. Sie können sich nicht in Gottes Hände fallen lassen. Sie haben Angst, sich loszulassen. Denn da könnten sie ja die Kontrolle über sich verlieren. Aber sie möchten sich und ihr Leben in der Hand haben. Doch wer alles kontrollieren will, dem gerät das Leben sicher außer Kontrolle. Denn wer sich durch sein Kontrollierenwollen um den Schlaf bringt, dem geraten langsam die Nerven außer Kontrolle. Weil er sich nicht in den Schlaf fallen läßt, fällt er irgendwann völlig zusammen.

Die Frage ist, wie wir auf Schlafprobleme reagieren sollen. Da Schlafprobleme immer mit Loslassen zu tun haben, wäre es verkehrt, sie frontal zu bekämpfen, indem man sich zwingt, einzuschlafen. Das gelingt nicht. Dann wälzen wir uns die ganze Nacht im Bett. Beim Einschlafen kann es helfen, sich durch autogenes Training oder Eutonie zu entspannen. Aber wer mit autogenem Training das Einschlafen erzwingen möchte, der wird dabei scheitern. Ich muß mir dann vorsagen: Es ist nicht so wichtig, ob ich schlafe oder nicht. Ich liege entspannt da. Das genügt. Wenn ich so den Druck, schlafen zu müssen, loslasse, kann es sein, daß ich auf einmal einschlafe. Mir hilft das Rosenkranzbeten, um einzuschlafen. Es ist ein ganz einfaches Gebet, über dem man daher leicht in den Schlaf fallen kann.

Andere schlafen zwar gut ein, aber sie wachen schon um zwei Uhr nachts wieder auf und liegen dann die ganze Nacht wach da, wälzen sich von einer Seite zur andern. Das beunruhigt sie. Dann wäre es gut, sich zu fragen, was Gott einem mit dem Aufwachen sagen möchte. Vielleicht hat man gerade einen wichtigen Traum gehabt, den man genauer anschauen sollte. Oder aber Gott schenkt mir die Zeit, über mein Leben nachzudenken, weil ich mir tagsüber zu wenig Zeit genommen habe. Statt gegen das Wachsein zu rebellieren, sollte man es als Chance sehen. Es hat sicher seinen Sinn. Statt sich gegen das Wachliegen aufzulehnen, könnte es helfen, aufzustehen, etwas zu lesen, bis man müde ist. Dann kann man wieder schlafen. Andere fangen an, zu beten oder darüber nachzudenken, was Gott ihnen sagen möchte. Andere beten dann für ihre Verwandten und Freunde. Dann bekommt ihr Wachsein einen Sinn. Und ohne daß sie es merken, schlafen sie darüber wieder ein.

Loslassen hat mit Vertrauen zu tun. Ich kann meine Arbeit loslassen, weil ich darauf vertraue, daß Gott alles zum Besten führt. Wenn ich mir abends den Kopf zerbreche, ob ich bei der Geldanlage richtig entschieden habe, ob der Dollar und die Aktien sich doch vielleicht anders entwickeln könnten, als ich es eingeschätzt habe, dann hilft mir das keinen Schritt weiter. Im Gegenteil. Ich werde nicht einschlafen können. Vielleicht liege ich die ganze Nacht wach, ohne etwas ändern zu können. Ich sage mir dann immer vor: die Tatsache, daß ich jetzt über den Dollar nachdenke, ändert seinen Kurs auch nicht. Deshalb kann ich das Nachdenken auch sein lassen. Jeder, der Verantwortung für andere trägt, muß Entscheidungen treffen, die viele Menschen berühren. Manche grübeln dann noch lange nach, ob diese Entscheidungen richtig waren. Sie meinen es durchaus gut. Sie sorgen sich um die Menschen. Aber vor lauter Sorge um die andern vernachlässigen sie die Sorge um sich und ihren inneren Frieden. Ich muß meine Entscheidungen richtig überlegen und sie behutsam treffen. Aber wenn sie getroffen sind, muß ich es Gott überlassen, was er damit macht. Gott kann sogar aus Entscheidungen, die vielleicht nicht so optimal waren, noch etwas Gutes schaffen. Wenn ich meine Arbeit und meine Entscheidungen Gott übergeben kann, dann kann ich ruhig schlafen.

Manchmal liegt die Ursache für die Unruhe und für die Schlaflosigkeit noch tiefer. Meine Unruhe zwingt mich, alte unerledigte Sachen anzuschauen. Vielleicht melden sich verdrängte Bedürfnisse zu Wort. Oder es tauchen alte Verletzungen auf, die einmal angeschaut werden möchten. Ich habe vieles in meinem Leben übersprungen, was mich jetzt einholt. Viele, die über ihre ständige Unruhe klagen, wissen nicht, was sie anschauen sollen. Und oft genug wird es auch für den Begleiter noch nicht sichtbar, was da bearbeitet werden möchte. Dann ist es gut, mit der eigenen Unruhe ins Gespräch zu kommen: Was willst du mir sagen? Wohin treibst du mich? Auf was möchtest du mich hinweisen? Was bewegt sich da in mir? Manchmal kommen dann auf einmal Bilder hoch, Erinnerungen aus der Kindheit, die einen mit Wut oder Traurigkeit erfüllen. Da hat eine Frau noch nie länger darüber nachgedacht, daß ihr Vater sie für sich und seine Bedürfnisse benutzt hat. Da hat ein Mann sich noch nie der Tatsache gestellt, daß er sich immer nur angepaßt hat und immer nur der brave Junge sein wollte. Jetzt rebelliert etwas in ihm gegen diese altgewohnte Rolle. Er kann es noch nicht richtig formulieren. Aber in seiner Unruhe spürt er, daß etwas anders werden möchte. Dann soll er dankbar sein für die Unruhe. Sie lädt ihn ein, sein Leben genauer unter die Lupe zu nehmen und unerledigte Sachen zu bearbeiten.

Manchmal zeigt die Unruhe auch, daß die Situation, in der man gerade lebt, geändert werden müßte. Man weiß nicht, was einen da eigentlich so umtreibt. Aber bei näherem Hinschauen entdeckt man, daß der Beruf auf Dauer nicht der richtige ist, daß man aus der Firma aussteigen oder zumindest auf eine Veränderung drängen müßte. Oder die Situation in der Familie kann so nicht weitergehen. Die Weichen müssen anders gestellt werden. Man müßte die Probleme in der Ehe oder die Schwierigkeiten mit den Kindern endlich einmal ansprechen. Man möchte den Problemen am liebsten aus dem Weg gehen und hat das vielleicht jahrelang getan. Aber die quälende Unruhe läßt das nicht mehr zu. Sie zwingt uns, der Wahrheit ins Auge zu sehen. Ein anderer entdeckt als Grund für seine Unruhe, daß er schon als Kind immer mit seinen Brüdern rivalisierte. Jetzt ist er rastlos, weil er immer unter dem Druck steht, weiter voranzukommen als seine Brüder, besser zu werden als sie. Erst wenn er die Ursache für seine Unruhe anschaut und seinen Wunsch zuläßt, seine Brüder zu übertreffen, kann er diesen Wunsch relativieren und die Unruhe lassen.

In der Unruhe liegt eine Energie. Es geht also gar nicht darum, die Unruhe sofort wieder in Griff zu bekommen. Wir müssen erst einmal erkennen, wohin uns die Unruhe treiben möchte. Sie zeigt uns, daß unser Leben noch nicht stimmt, daß wir noch nicht im Einklang sind mit dem einmaligen Bild, das Gott sich von uns gemacht hat. Wir haben uns immer noch in ein Korsett gezwängt, das zu eng für uns ist. Die Unruhe ermutigt uns, das Korsett zu zerbrechen und uns den Weg in die Freiheit zu bahnen. Statt gegen die Unruhe anzugehen, sollten wir die Energie nutzen, die in ihr steckt. Dann wird sie von alleine vergehen. Sie hat ihre Aufgabe erfüllt, uns auf neue Wege zu schicken. Nun brauchen wir sie nicht mehr. Wir müssen unsere Unruhe genau anschauen, ob sie eine heilsame Unruhe ist, die uns nicht stehenbleiben läßt auf unserem Weg, die uns vorantreibt in unserem Prozeß der Menschwerdung und auf unserem Verwandlungsweg, oder aber ob es unheilvolle Unruhe ist, die uns unfähig macht, im Augenblick zu sein, die uns die Augen vor dem verschließt, was gerade nötig wäre. Solche heillose Unruhe zerreißt uns nur. Sie führt zu nichts.

Manchmal ist die Unruhe Ausdruck, daß wir mit nichts zufrieden sind. Es ist eine Lustlosigkeit (die Mönche nennen sie Akedia), die völlig ungerichtet ist. Wir wissen gar nicht, wohin uns die Unruhe treiben möchte. Sie verweist vielmehr auf eine allgemeine Unzufriedenheit und innere Zerrissenheit hin. Im Grunde rebellieren wir gegen unser Leben, gegen unsere Geschichte, gegen unsere Veranlagung. Und wir rebellieren gegen Gott. Wir hängen immer noch an unseren Illusionen, die wir uns vom Leben gemacht haben. Und oft genug sind es infantile Größenphantasien, von denen wir nicht loskommen. Dann zwingt uns die Unruhe, uns von diesen Illusionen zu verabschieden und endlich ja zu sagen zu uns und unserer Lebensgeschichte, ja zu sagen zu dem Leben, wie es nun einmal ist, ja zu sagen zu dieser Welt, die natürlich unvollkommen ist, und letztlich ja zu sagen zu Gott, der sich nicht nach unseren Vorstellungen richtet, sondern der der ganz andere und oft genug Unbegreifliche ist.

Viele erfahren die Unruhe gerade dann, wenn sie sich zur Meditation hinsetzen oder wenn sie zu beten anfangen. Dann sind sie enttäuscht und geben die Meditation bald wieder auf. Oder aber sie versuchen, mit Gewalt still zu werden. Aber dann bekommen sie Kopfweh, und die Unruhe wird nur noch größer. Auch da kann die Unruhe uns zeigen, daß wir vor Gott erst noch etwas anschauen müßten, was uns gar nicht so angenehm ist. Anstatt gleich fromm zu werden, müßten wir erst die weniger frommen Seiten in uns wahrnehmen, unsere Rebellion gegen Gott, unsere Enttäuschung über Gott, unsere gottlosen Seiten, die auch in uns sind. Vielleicht zeigt die Unruhe auch, daß wir noch nicht die spirituelle Spur gefunden haben, die für uns stimmt. Vielleicht haben wir die Meditation nur übernommen, weil sie uns von andern angepriesen worden ist oder weil wir in ihr ein Allheilmittel sehen. Vielleicht sollten wir erst in der eigenen Lebensgeschichte nachsehen, was denn in der Kindheit unsere spirituelle Spur war, was wir spontan getan haben, um uns als Kinder wohl zu fühlen, ganz eins zu sein. Solche Augenblicke, in denen wir uns als Kinder eins gefühlt haben, sind ja letztlich auch spirituelle Erfahrungen. Denn ganz eins sind wir nur mit uns, wenn wir letztlich mit Gott eins sind. Ich erlebe in der geistlichen Begleitung immer wieder, wie sich Menschen oft spirituelle Methoden aneignen, die sie von andern übernommen haben. Sie müssen dann ständig gegen die eigenen Widerstände kämpfen und wollen diese Methoden konsequent befolgen. Ich rate ihnen dann, daß sie ihrer eigenen spirituellen Spur folgen sollen. Solange sie bei der Meditation so unruhig sind, so lange haben sie ihre eigene Spur noch nicht gefunden. Wir sollen unsere Widerstände ernst nehmen. Natürlich kann der Widerstand auch ein Zeichen sein, daß ich konsequenter sein müßte, daß ich nicht meinen Launen folgen sollte, sondern meiner innersten Stimme. Aber der Widerstand kann auch darauf hinweisen, daß ich gegen mein innerstes Wesen angehe. Ich sollte meine spirituelle Spur entdecken, die mich zum Leben bringt, die mich in Gott hinein führt.

Achtsamkeit

Ein Weg, von der Unruhe zur Ruhe zu kommen, besteht darin, alles, was ist, bewußt wahrzunehmen und in jedem Augenblick achtsam zu leben. Ich kämpfe dann nicht gegen meine Unruhe, sondern ich nehme sie bewußt wahr, ich achte darauf, was sich in der Unruhe in mir abspielt. Dieses behutsame Achtgeben verwandelt schon meine Unruhe. Ich lasse die Unruhe sein, anstatt gegen sie anzukämpfen. Dann ist sie noch da, aber sie hat mich nicht mehr im Griff. Ich schaue sie an. Sie darf sein. Aber sie bestimmt mich nicht mehr. Der Punkt in mir, der die Unruhe anschaut, ist selbst nicht mehr von ihr infiziert. Ich freunde mich mit meiner Unruhe an. Das beruhigt sie mehr, als wenn ich sie mit Gewalt bekämpfe. Ich achte darauf, wie sich die Unruhe äußert, in meinen Gedanken, in meinem Leib. Ich beobachte, wie sie aufsteigt, wie sie stärker wird und wie sie wieder verebbt. Ich nehme meine Unruhe bewußt wahr, ohne von ihr bestimmt zu werden. Mitten in der Unruhe bin ich auf diese Weise doch ruhig.

Achtsamkeit kommt von achten, aufmerken, überlegen, nachdenken. Ich handle überlegt, aufmerksam, bewußt. Ich bin ganz bei dem, was ich tue. Ich weiß um das, was ich tue. In meinem Tun bin ich mit all meinen Sinnen dabei. Da sind der Leib und der Geist in gleicher Weise tätig. Achtsam sein heißt auch, daß ich in jedem Augenblick ganz gegenwärtig bin. Ich spüre das Geheimnis des Augenblicks, das Geheimnis der Zeit, das Geheimnis meines Lebens. Und ich bin mit vollem Wissen und klarer Überlegung bei dem, was ich tue, was ich berühre, womit ich arbeite. Ich nehme bewußt und achtsam mein Handwerkszeug in die Hand, meinen Kugelschreiber, meinen Autoschlüssel. Ich gehe behutsam mit meinem Computer um. Ich bin in meinen Sinnen, in meinem Leib. Ich nehme wahr, was sich in mir regt, aber ohne ängstlich zu grübeln, ob diese oder jene Regung in meinem Leib auf eine Krankheit hinweist. Ich gehe achtsam. Ich bin in meiner Bewegung, in jedem Schritt. Ich spüre meinen Leib, meine Muskeln, meine Haut. Natürlich kann ich nicht jeden Augenblick bewußt leben. Das wäre wieder eine Überforderung. Aber es ist eine gute Übung, täglich einige Zeit bewußt in dieser Achtsamkeit zu leben. Die Achtsamkeit könnte dann auch zu einem kleinen Ritual werden. Ich verlasse achtsam mein Haus, gehe bewußt durch die Straßen, bin in meinen Sinnen und spüre die kalte Luft, den Wind, der mich durchbläst, oder die Sonne, die mich bescheint. Ich genieße jeden Schritt. Ich spüre: ich gehe jetzt, ich bin ganz in meinem Gehen. Ich bin ganz da.

Diese Achtsamkeit darf allerdings nicht zu einer neuen Leistung werden. In der Achtsamkeit werde ich auch sensibel dafür, wie unachtsam ich in vielem bin. Das nehme ich dann auch wahr, ohne es zu bewerten. Wahrnehmen, ohne zu bewerten, das führt zur Ruhe. Die Ursache unserer Unruhe liegt oft darin, daß wir alles, was wir tun, bewerten. Und meistens entspricht es nicht der Meßlatte unserer Wertmaßstäbe. So sind wir unzufrieden mit uns und dieser Welt, und es entsteht in uns eine diffuse Unruhe. Wenn ich bewußt wahrnehme, was ist, ohne es zu bewerten, dann kann ich es so lassen, ohne es ändern zu müssen. Und wenn ich es lassen kann, dann verwandelt es sich von alleine. Wenn ich meine Unachtsamkeit lassen kann, ohne dagegen zu kämpfen, dann verwandelt sie sich in Achtsamkeit, ohne daß ich es mit vielen komplizierten Methoden und Techniken selber machen muß. Ich nehme in aller Ruhe meine Unruhe wahr. Ich spüre, daß sich in mir vieles bewegt. Aber dieses Ich, das spürt, ist selbst nicht in der Unruhe. Es ist der unbeobachtete Beobachter, das spirituelle Selbst, von dem die transpersonale Psychologie spricht. Es bleibt in der Ruhe, auch wenn die Seele noch so sehr in Aufruhr ist, auch wenn die äußere Situation noch so bewegt ist.

Ein anderes Wort für Achtsamkeit ist Sammlung. Wer gesammelt ist, der bringt in sich das Verschiedene und Zerstreute zusammen. Er ist mit sich selbst vereinigt. Er ist eins mit sich, eins mit dem, was er tut. Er läßt sich nicht von den verschiedensten Dingen und Tätigkeiten ablenken. Er bringt alles zusammen. Das Wort Sammlung klingt in allen Worten an, die mit dem Suffix „sam“ enden. Der Acht-„same“ bringt die Achtung, die Überlegung mit seinem Tun, mit dem Gegenstand, den er berührt, mit dem Augenblick zusammen. Der Behut-„same“ verbindet die Hut, den Schutz, mit dem, was er tut. Er breitet über alles, was er tut, seine Fürsorge, seine Obhut, seine Bewachung. Er ist wach bei dem, was er tut. Und das Wort „Sammlung“ ist eingegangen in das Wort „sanft“. Sanft ist der, der friedlich zusammen ist mit den Menschen und mit den Dingen, mit denen er umgeht. So führt die Sammlung heraus aus der Zerstreuung, aus der Ablenkung, aus der Unruhe, und hinein in ein gesammeltes, achtsames, sanftes Tun. Wer zusammen ist mit dem, was er berührt, der geht sanft damit um. Wer zusammen ist mit sich selbst, mit seinen verschiedensten Bedürfnissen und Wünschen, mit seinen Leidenschaften und Emotionen, der ist sanft mit sich selbst, der lebt im Frieden zusammen mit den Gegensätzen, die in ihm sind. Und wer beim andern ist, dem er begegnet, der kann nicht grob und hart sein. Wer mit dem andern zusammen ist, wird ihm sanft gegenübertreten.

Fasten und Schweigen

Ein konkreter Weg, wie wir innerlich wie auch äußerlich zur Ruhe kommen können, ist das Fasten, das sich heute wieder großer Beliebtheit erfreut. Wenn ich etwa eine Woche lang faste, dann erlebe ich, daß meine Bewegungen von alleine ruhiger werden. Ich gehe langsamer. Ich spüre, daß ich keine Hektik vertrage. Ich kann gut und viel arbeiten, aber sobald ich hektisch werde, merke ich, wie mir schwindlig wird, wie ich mit diesem gehetzten Tun mich selbst beschwindle. Das Fasten konfrontiert mich allerdings am Anfang mit vielen Gedanken und Gefühlen, die ich verdrängt habe, vor allem mit Ärger und Enttäuschung. Ich spüre, wie ich sonst diese Gefühle oft sofort unterdrücke, indem ich etwas esse. Man kann mit Essen negative Gefühle zustopfen, um sich selbst nicht spüren zu müssen. Wenn ich dem Hunger nicht nachgebe, sondern ihn aushalte, dann wird der alte Mechanismus durchbrochen. Das Fasten lädt mich ein, nach anderen Wegen zu suchen, meinen eigentlichen Hunger zu stillen. Wenn ich einen Fastenkurs halte, dann verbinde ich ihn immer mit Schweigen. Denn für mich hat Fasten eine religiöse Bedeutung. Es will mich in der Stille für Gott öffnen, für die innere Welt meiner Seele.

Das deutsche Wort „den Hunger stillen" zeigt unsern altvertrauten Mechanismus. Normalerweise stillen wir den Hunger, indem wir essen. Die Mutter „stillt" das Kind, indem sie ihm die Brust reicht. Indem sie das Kind „stillt", wird es allmählich ruhig. Das Fasten „stillt" auf andere Weise unseren Hunger. Es bringt uns zur Ruhe, indem wir auf den Grund unseres Hungers gelangen, indem wir den Hunger als Sehnsucht nach Liebe und Geliebtwerden, nach Erfüllung und Zufriedenheit erfahren. Wenn die Mutter das Kind stillt, dann ist es nicht nur die Nahrung, die den Hunger stillt, sondern auch die liebende Zuwendung, die das Kind zur Ruhe bringt. Im Fasten verzichten wir auf Sättigung und Zustopfen. Wir wenden uns in Liebe unserer eigentlichen Sehnsucht zu. Und die führt uns über diese Welt hinaus. Sie richtet sich im Tiefsten nach Gott, der allein unseren Hunger zu stillen vermag.

In der Mittwochskomplet singen wir Mönche immer Psalm 62, der mit dem Vers beginnt: „Nur zu Gott hin wird meine Seele still, von ihm allein kommt mir Hilfe" (Ps 62,2). Wirklich zur Ruhe kommen wir erst dann, wenn wir unser Herz ganz und gar auf Gott hin richten, wenn Gott selbst unsern Hunger nach Liebe und Nähe, nach Frieden und Sattsein stillt. Was wir im Essen immer wieder versuchen, gelingt uns doch nicht: wir können uns nicht so satt essen, daß wir für immer gesättigt sind. Im Psalm 131 betet ein Frommer: „Ich ließ meine Seele ruhig werden und still; wie ein kleines Kind bei der Mutter ist meine Seele still in mir" (Ps 131,2). Der Beter hat offensichtlich die Erfahrung gemacht, daß Gott ihn in gleicher Weise zu stillen, zu beruhigen vermag wie eine Mutter ihr kleines Kind, indem sie es an ihrer Brust stillt. Gottes Liebe kann meinen tiefsten Hunger stillen und mich daher zur wahren Stille führen. Wenn ich meinen Hunger zu Ende denke, wenn ich aufhöre, ihn immer nur kurzfristig zu stillen, mich mit Essen zuzustopfen, um ihn nicht mehr zu spüren, dann werde ich in mir einen Ort der Ruhe entdecken, an dem es ganz still ist, weil Gott selbst meine tiefste Sehnsucht stillt. Ein guter Weg dorthin ist die beständige Frage: „Was ist meine tiefste Sehnsucht?“ Ich lasse im Fasten meine Bedürfnisse und Wünsche hochkommen. Ich frage mich, wonach ich mich sehne. Und dann teste ich jede Sehnsucht mit der prüfenden Frage: „Ist das meine tiefste Sehnsucht? Oder wonach sehne ich mich auf dem Grund meines Herzens?“ Dann komme ich irgendwann wohl zu der Sehnsucht, die nur Gott allein zu stillen vermag. Und wenn ich mein Herz in meiner tiefsten Sehnsucht auf Gott richte, dann komme ich wirklich zur Ruhe, dann finde ich die Stille, in der mein Hunger wahrhaft gestillt wird.

Das Leben vereinfachen

Unsere Unruhe rührt häufig daher, daß wir zuviel auf einmal tun wollen und daß wir zuviel in unseren Häusern haben. Ursula Nuber hat in der Zeitschrift „Psychologie heute“ vor einiger Zeit einige konkrete Tips dazu gegeben, wie wir unser Leben entrümpeln und entmüllen können. Sie meint, vieles, was wir im Haushalt haben, was wir in unserem Wohnzimmer, in unserem Büro, in unserem Keller aufbewahrt haben, verwenden wir kaum einmal. Es ist einfach nur ein Ballast, den wir mit uns herumschleppen. Aus

Angst, wir könnten das oder jenes Haushaltsgerät doch einmal brauchen, kaufen wir es, um dann nach einiger Zeit festzustellen, daß wir es höchstens dreimal gebraucht haben. Seit Jahren steht es nutzlos herum. Aber all das Viele, was wir angesammelt haben, macht uns nicht gesammelt, sondern es belastet uns nur noch. Ein Weg, zur inneren und äußeren Ruhe zu kommen, wäre daher, all das, was wir nicht wirklich brauchen, zu entrümpeln, damit wir wieder genügend Raum bekommen, um zu leben, um die Ruhe in unserem Haus genießen zu können. Wenn alles voll steht, ist es nirgends mehr einladend, können wir nirgends mehr ausruhen. Überall erinnern uns Gegenstände, was wir noch eigentlich gebrauchen könnten, was wir damit anfangen müßten, damit es nicht umsonst herumsteht. So setzt uns das Gekaufte oft genug unter Zugzwang. Damit es nicht umsonst gekauft ist, müssen wir damit etwas tun. Wir müssen uns beschäftigen, anstatt einfach zu genießen, daß wir freie Zeit haben, daß uns die Zeit geschenkt ist.

Unter dem Stichwort „Das Leben vereinfachen" erscheinen heute viele Bücher. Es ist letztlich das Thema, das früher mit dem Wort „Askese" bezeichnet wurde. Askese hat immer auch mit Selbstbeschränkung und Verzicht zu tun. Verzichten setzt ein starkes Ich voraus. Wer ein schwaches Selbstwertgefühl hat, der braucht vieles, um seine innere Leere zu verdecken. Er ist ständig auf der Suche nach mehr. Er meint, er käme zur Ruhe, wenn er all das hat, was er zum Leben braucht. Aber ein Bedürfnis weckt das andere. Selbstbeschränkung ist aber nicht nur ein Kennzeichen für ein starkes Selbst, sondern auch ein konkreter Weg, das Selbst zu stärken. Indem ich verzichte auf all das, was die Menschen um mich herum haben, finde ich mehr und mehr meine eigene Identität. Ich werde stolz darauf, daß ich vieles nicht brauche. Das steigert mein Selbstwertgefühl. Und es führt dazu, daß ich mehr bei mir selbst bin anstatt bei den vielen Dingen, die meine Bedürfnisse befriedigen sollten. Je mehr ich aber bei mir selber bin, desto ruhiger werde ich.

Die Ruhe in Gott finden

Wenn die Bibel uns verheißt, daß Jesus Christus uns Ruhe verschaffen wird oder daß Gott uns in die Sabbatruhe einführt, wenn die Mönchstradition davon spricht, daß Gott allein unsere Unruhe in Ruhe verwandeln kann, dann entspricht das auch den Erfahrungen, die heute viele Menschen machen. Wer sich auf den spirituellen Weg macht, der erfährt, daß er sich vom Verhaftetsein in die äußere Hektik löst. Er sieht die Hektik um sich herum wie von einem andern Stern aus. Er definiert sich nicht davon. Er schaut sie an, aber sie berührt ihn nicht. Wer in Gott seine Mitte findet, der erfährt, daß die Welt über ihn keine Macht mehr hat. Er spürt die befreiende Botschaft des Johannesevangeliums, daß wir zwar in der Welt sind, aber nicht von der Welt, daß Christus uns ewiges Leben schenkt, ein Leben, über das diese Welt keine Macht hat. Ich kann meine Unruhe nicht in Griff bekommen. Aber wenn ich daran glaube, daß ich meinen Grund in Gott habe und nicht in der Welt, dann entziehe ich mich der Unruhe, die mich umgibt. Ich beobachte sie von einem Ort jenseits der Welt, ich beobachte sie von Gott her, mit dem ich im Glauben eins werde.

Diese Erfahrung der Ruhe mitten in der Unruhe spiegelt das Johannesevangelium wider. Im ersten Teil setzt sich Jesus immer wieder mit seinen Gegnern auseinander. Da prallt die ganze Unruhe und Unzufriedenheit der Welt auf ihn ein. Aber im 13. Kapitel ändert sich der Charaker des Johannesevangeliums. Da ist Jesus mit seinen Jüngern allein. Er wäscht ihnen die Füße und spricht zu ihnen. Die Abschiedsreden Jesu sind erfüllt von einer tiefen Ruhe, von einer jenseitigen Ruhe. Weil Jesus alles von seinem Vater aus sieht, zu dem er im Tod heimkehren wird, darum hat selbst das unruhige Geschehen der Passion und der Kreuzigung den bedrängenden Charakter verloren. Jesus geht ruhig und souverän durch seine Passion. Der Trubel der Menge berührt ihn nicht. Es geht ihm um etwas ganz anderes, um die Offenbarung Gottes mitten in unserer zerrissenen Welt.

Jesus ist mitten in der Passion eins mit seinem Vater. Die Erfahrung dieses Einsseins enthebt ihn aller äußeren Unruhe. Um diese Einheit bittet Jesus im Hohepriesterlichen Gebet kurz vor seinem Leiden für seine Jünger. Die an ihn glauben, sollen genauso eins sein, wie er mit dem Vater eins ist. Ja, sie sollen vollendet sein im Einssein (vgl. Joh 17,23). Sie sollen vollständig eins sein. Das griechische Wort für vollendet sein (teteleiomenoi) kommt von „telos" (Ziel,

Ganzheit, Vollendung). Es wird auch in der Mysteriensprache verwendet und meint dann die Einweihung in das Geheimnis Gottes. Jesus bittet also, daß seine Jünger in das Geheimnis des Einsseins eingeweiht werden und darin in das Geheimnis Gottes. Gott ist der Eine, der in sich ganz eins ist. Gott ist eins mit seinem Sohn, der hinabgestiegen ist auf diese Erde. Er verbindet in sich Himmel und Erde, Gott und Mensch, Licht und Dunkel. So sollen auch wir eins sein, indem wir in uns Himmel und Erde, den göttlichen Kern und unser Menschsein, Geist und Materie, die Höhe und die Tiefe miteinander verbinden.

Für die Griechen war die Zerrissenheit die eigentliche Not des Menschen. Der Grieche fühlte sich zerrissen zwischen Himmel und Erde, zwischen Gott und Mensch, zwischen Geist und Trieb, zwischen Mann und Frau. Und er sehnte sich nach dem Einssein. Die Zerstückelung sollte endlich aufhören. Der Mensch sollte die ursprüngliche Einheit, die er von Gott her besaß, wieder erlangen. Jesus antwortet auf diese Sehnsucht nach dem Einssein. Wenn der Mensch eins geworden ist, wie der Vater mit dem Sohn eins ist, dann spiegelt er Gottes Herrlichkeit in dieser Welt wider. Die Einheit ist also Ausdruck der Gotteserfahrung. Sie ist Spiegel für die Herrlichkeit Gottes, die in Jesus Christus aufgeleuchtet ist. Sie ist die doxa, die Gestalt, die Form, wie Gott sich in dieser Welt ausdrückt. Das Einssein ist auch die Bedingung für die wahre Ruhe. Wenn die Gegensätze in mir sich nicht mehr bekämpfen, wenn alles in mir eins ist, wenn Gott und Mensch, Geist und Trieb, Licht und Dunkelheit, Stärke und

Schwäche, animus und anima miteinander eins werden, dann bin ich tief in meiner Seele ruhig geworden.

In der Passion zeigt uns Jesus einen Weg, wie wir diese Ruhe auch in den Turbulenzen unseres Lebens durchhalten können, gerade dort, wo wir wie er angefeindet werden, uns nicht verstanden fühlen, Kränkungen erfahren. Wenn wir eins sind, wie Jesus mit dem Vater eins ist, wenn also das Menschliche und Göttliche in uns eins sind, dann kann uns auch die Passion unseres Lebens nicht mehr aus dieser Einheit herauswerfen. Dann können uns Menschen verletzen, geißeln, verspotten, anklagen, verleumden, dann können sie uns Angst machen, uns einschüchtern mit Drohungen. Das alles kann uns nicht aus dem Einssein mit Gott reißen. Das alles berührt den innersten Raum in uns nicht, in dem Gott in uns wohnt. Der Satz, den Jesus vor Pilatus spricht, gilt auch für uns: „Mein Königtum ist nicht von dieser Welt" (Joh 18,36). In uns ist der Ort, in dem Gott in uns wohnt und über uns herrscht. Dort kann kein Mensch über uns bestimmen. Dort sind wir souverän. Dort kann uns niemand aus der Ruhe, die aus der Einheit mit Gott kommt, vertreiben.

Jesus zeigt uns im Hohepriesterlichen Gebet einen Weg, wie wir zur wahren Einheit gelangen: „Vater, ich will, daß alle, die du mir gegeben hast, dort bei mir sind, wo ich bin" (Joh 17,24). Der Ort, an dem wir bei Christus sind, ist das Gebet. Für die Ostkirche ist es das Jesusgebet, das sie mehr und mehr mit dem Geist Jesu Christi erfüllt. Die Ostkirche versteht das Jesusgebet als Zusammenfassung des ganzen Evangeliums. Für sie ist es der Weg, den Geist an Christus zu binden und durch Christus eins zu werden mit dem Vater. Für mich persönlich ist das Jesusgebet seit etwa dreißig Jahren mein Meditationsweg geworden. Ich übe es nicht nur bei der morgendlichen Meditation, sondern es begleitet mich auch tagsüber immer wieder, wenn ich durch Gänge gehe, wenn ich irgendwo warte, wenn eine kleine Pause entsteht. Das Jesusgebet bringt mich immer und überall mit mir selbst in Berührung und läßt mich die Einheit mit Gott mitten in der Unruhe des Alltags erfahren. Wenn ich mit dem Einatmen die Worte spreche „Herr Jesus Christus“ und beim Ausatmen „Sohn Gottes, erbarme dich meiner“, dann bin ich dort, wo Christus ist. Dann erlebe ich, daß Christus hinabsteigt in alle Abgründe meiner Seele, auch in die Kammern, die ich am liebsten vor ihm verschließen möchte. Dann bewohnt Christus alle Räume meines Leibes und meiner Seele. Dann bin ich dort, wo Er ist. Und an diesem Ort erfahre ich einen tiefen Frieden, ein Einverstandensein mit allem, was ist, Einheit zwischen Christus und mir, zwischen den Menschen und mir, zwischen den Gegensätzen in mir. Dann kommt das Hinundhergezerrtwerden zur Ruhe. Dann bin ich ganz da, ganz im Augenblick, ganz in Gott.

Wenn ich mit Gott eins bin, wenn ich in Gott meinen Grund habe, dann berührt mich die Unruhe nicht mehr, die mich umgibt. Ich spüre sie zwar noch. Aber sie reicht nicht bis in den innersten Raum, in dem Gott in mir wohnt. Je mehr Gott mein Herz erfüllt, desto weniger kann die Unruhe sich darin breitmachen. Die Gotteserfahrung ist immer auch geprägt von einer tiefen inneren Ruhe. In Gott kommen die Turbulenzen meiner Seele zur Ruhe. In Gott fallen die Gegensätze zusammen, die mich oft genug zerreißen. In Gott ist die wahre Ruhe, die Sabbatruhe, die er auch uns verheißen hat. Bruder Klaus von der Flüe hat das erfahren, wenn er schreibt: „Friede ist allweg in Gott, denn Gott ist der Friede, und Friede mag nicht zerstört werden, Unfriede aber wird zerstört."

Jeder Weg, der mich tiefer in die Gemeinschaft mit Gott führt, führt mich auch in die Ruhe. Für den einen ist es die Meditation, für einen anderen die Eucharistiefeier, für einen dritten ein Spaziergang. Es gibt viele Wege, die mich der Einheit mit Gott näher bringen. All diese Wege sind aber nicht einfach ein Trick, meine Unruhe zu überwinden und wieder ruhig zu werden. Es gibt keinen Weg zur Ruhe, der nur äußerlich bleibt. Jeder Weg, der wirklich zur Ruhe führen will, geht über die Erfahrung meiner eigenen Wahrheit und über die Erfahrung Gottes. Es ist letztlich der Weg des Gebetes und der Meditation, der mich über die eigene Wahrheit in Gott hinein führt und mir in Gott Anteil schenkt an seiner göttlichen Ruhe.

Ruhe als erfüllte Zeit

Ein Ort, an dem die Gegensätze zwischen Gott und Mensch, zwischen Himmel und Erde zusammenfallen, ist der Augenblick, in dem Zeit und Ewigkeit miteinander eins werden. Das ist dann die Erfahrung der Sabbatruhe Gottes. Wahre Ruhe hat immer teil an der Erfahrung der Ewigkeit. So sieht es schon Augustinus, wenn er über die Ruhe des achten Tages, des Auferstehungstages, nachdenkt. Für ihn ist der achte Tag der Tag, an dem wir teilhaben an der ewigen Sabbatruhe Gottes: „Denn jene ewige Ruhe setzt sich am achten Tag fort und endet nicht an ihm, weil sie ja sonst nicht ewig wäre. Deshalb wird der achte Tag sein, was der erste war, und so das ursprüngliche Leben sich nicht als vergangen, sondern als mit dem Stempel der Ewigkeit bekleidet erweisen." Acht ist die Zahl der Ewigkeit. Der achte Tag ist der Tag, der keinen Abend kennt. Achteckig waren die Taufbecken, weil man in der Taufe eingetaucht wird in das ewige Leben Gottes. Der achte Tag ist für Augustinus zugleich der Tag, an dem Zeit und Ewigkeit zusammenfallen. Das ist für ihn das Ziel seiner Sehnsucht, daß er mitten in der Zeit schon teilhabe an der Ewigkeit. Erst dann kommt seine Seele wahrhaft zur Ruhe: „In dieser Welt aber rollen die Tage dahin, die einen gehen, die anderen kommen, keiner bleibt. Auch die Augenblicke, da wir reden, verdrängen einander, und es bleibt die erste Silbe nicht stehen, damit die zweite erklingen kann. Seitdem wir reden, sind wir etwas älter geworden, und ohne Zweifel bin ich jetzt älter als heute morgen. So steht nichts still, nichts bleibt fest in der Zeit. Darum müssen wir den lieben, durch den die Zeiten geworden sind, um von der Zeit befreit und in der Ewigkeit befestigt zu werden, wo es keine Veränderlichkeit der Zeit mehr gibt." Mitten in der Unruhe seiner

Zeit sehnt sich Augustinus nach der Ruhe, in der mitten in der Zeit die Ewigkeit Gottes schon anwesend ist, in der Zeit und Ewigkeit zusammenfallen.

Zeit und Ewigkeit fallen im Augenblick zusammen. Wenn wir ganz im Augenblick sind, dann steht die Zeit still. Jeder hat vermutlich schon die Erfahrung gemacht, daß er fasziniert einen Sonnenuntergang betrachtet hat. Und er hat dabei gar nicht gemerkt, wie die Zeit vergangen ist. Wenn wir uns ganz intensiv auf etwas einlassen, vergessen wir die Zeit, da hört die Zeit auf, da sind wir nur noch reiner Augenblick, reine Gegenwart. Das ist dann die Ahnung der ewigen Sabbatruhe, an der wir jetzt schon teilhaben. Die Mystiker haben immer wieder von dieser reinen Gegenwart gesprochen, in der sie Gott erfahren. Für Meister Eckhart überschreitet der Mensch im Einswerden mit Gott die Zeit und hat schon teil an der Ewigkeit: „Das ist das Ziel, wo der Geist in Ruhe verharrt, der lieben Ewigkeit vereint." Er spricht hier von der Fülle der Zeit. In der Auslegung von Gal 4,4: „Als aber die Zeit erfüllt war", schreibt er: „Wann ist ‚Fülle der Zeit'? – Wenn es keine Zeit mehr gibt. Wenn man in der Zeit sein Herz in die Ewigkeit gesetzt hat und alle zeitlichen Dinge in einem tot sind, so ist das ‚Fülle der Zeit'."

Solche Erfahrungen absoluter Ruhe, in denen Zeit und Ewigkeit zusammenfallen, können wir machen, wenn wir in der Betrachtung einer Blume, einer Landschaft, eines Gemäldes aufgehen. Wenn wir ganz im Schauen sind, dann gibt es keinen Unterschied mehr zwischen Schauer und

Beschauten, dann fallen beide in eins zusammen. Und dann hört auch die Zeit auf. Oder wir können solche Ruhe erahnen, wenn wir einen langsamen Satz von Bach oder Mozart hören, wenn wir ganz Ohr sind, uns von nichts ablenken lassen, ganz im Hören aufgehen. Dann berühren wir mitten in der Zeit die Ewigkeit, dann hört im Hören die Zeit auf. Manchmal geht es uns auch im Lesen so. Wir lesen ein Buch. Auf einmal berührt uns etwas. Wir können nicht weiter lesen. Wir bleiben stehen, ohne darüber nachzudenken. Wir sind einfach da. Das Paradox ist, daß so ein Zusammenfallen von Zeit und Ewigkeit immer an eine sinnliche Erfahrung gebunden ist. Gerade in der Materie wird der Geist erfahren, im Raum das Raumlose, in der Zeit das Zeitlose. Wenn ich ganz in meinen Sinnen bin, dann bin ich auch ganz präsent, dann erfahre ich absolute Ruhe. Ich kann mich von der Sonne bestrahlen lassen und die Wärme der Sonne in meiner Haut spüren. Wenn ich ganz in meiner Haut bin, dann kommt der unruhige Geist zur Ruhe, dann ist der Geist ganz in meiner Haut. Er ist nicht mehr im Kopf, in dem er immer nur Unruhe erzeugt. Er läßt sich ein in die Sinne und kommt in ihnen zur Ruhe. Dann ist wieder diese Erfahrung der Einheit. Geist und Sinne werden eins, Zeit und Ewigkeit.

Eine wichtige Erfahrung ist für mich das Hören. In den siebziger Jahren war ich öfter in Rütte bei Graf Dürckheim. Wenn ich seinen Vorträgen lauschte, so wurde es in mir ganz ruhig. Nach einigen Vorträgen kannte ich mehr oder weniger den Inhalt. Ich konnte mir denken, was er da in etwa sagen werde. Aber das war nicht so wichtig. Von seinem Sprechen ging etwas aus, das in mir Ruhe erzeugte. Die vielen Gedanken kamen zur Ruhe. Ich grübelte nicht nach, urteilte nicht über das, was er sagte, sondern war ganz im Hören. So geht es mir manchmal, wenn ich eine Bibelstelle höre. Wenn sie gut vorgetragen wird, wenn der Leser ganz im Wort ist, das er vorliest, dann kann ich mich auch völlig auf das Hören einlassen. Ich weiß nachher gar nicht mehr, was ich gehört habe. Aber die Worte haben mich beruhigt, mich zur Ruhe gebracht. Die Worte haben mich in Berührung gebracht mit dem Grund meines Herzens, auf dem es ganz ruhig ist, auf dem Gott selbst wohnt. Die Worte führen mich in den Raum des wortlosen Geheimnisses Gottes. Sie schließen die Türe auf zu dem Raum, in dem Gott, der jenseits aller Worte und Bilder ist, in seiner ewigen Sabbatruhe wohnt.

Ruhe als Unterbrechung

Johann Baptist Metz hat Unterbrechung einmal die kürzeste Definition von Religion genannt. Die Sabbatruhe Gottes unterbricht die Arbeit des Menschen. Das Gebet ist heilsame Unterbrechung der alltäglichen Hektik. Keiner von uns kann die innere Ruhe immer und überall bewahren. Immer wieder fallen wir aus ihr heraus. Wir lassen uns von einem Konflikt in Beschlag nehmen. Wir werden verletzt, und schon kommen in uns die Mechanismen der Selbstverletzung in Gang. Wir grübeln nach über die kränkenden Worte. Wir zerfleischen uns selbst, indem wir uns vorwerfen, warum wir da nicht besser reagiert haben. Alle Vorsätze, innerlich die Ruhe zu bewahren, helfen da nicht weiter. Aber wenn wir uns im Gebet vor Gott bringen, unterbrechen wir den Teufelskreis von Verletzung und Selbstverletzung, von Kränkung und Sich-selbst-Kränken. Im Gebet treten wir einen Augenblick zurück von all dem, was uns beschäftigt und uns in Beschlag nimmt. Wir schauen es von Gott her an. Und da sieht es sich ganz anders an. Von dieser gesunden Distanz her können wir uns befreien aus dem Sog der Grübeleien und Sorgen. Gebet als heilsame Unterbrechung führt uns mitten in der Hektik wieder zur Ruhe. Das tägliche Gebet gibt uns die Gewißheit, daß wir uns nie länger als acht Stunden in die Hetze treiben lassen, daß wir jeden Tag Ruhepunkte haben, an denen wir einen Schritt zurücktreten, um unser Leben wieder in Gott zu verankern und in Gott zur Ruhe zu bringen.

Die heilsame Unterbrechung der Religion zeigt sich aber nicht nur im Gebet, sondern vor allem im Fest. Im Fest bricht Gottes Ewigkeit in unsere Zeit. Fest ist Unterbrechung der Arbeit, des Nutzbringenden, des Kalkulierbaren. Fest ist zeitlos, und Fest ist zweckfrei. Im Fest werden wir herausgenommen aus dem bloßen Funktionieren, aus der hektischen Tretmühle des Alltags. Das Fest ist gezeichnet von „Mühelosigkeit und Leichtigkeit". Pieper meint, die Menschen unserer Zeit seien häufig unfähig, ein wirkliches Fest zu feiern. Der Grund liegt darin, daß sie die Beziehung des Festes zum Kult und zur Muße nicht mehr sehen." Ein Fest feiern heißt, die Zustimmung zur Welt im Ganzen auf unalltägliche Weise zum Ausdruck zu bringen." Nur wenn ich ja sage zu dieser Welt und wenn ich sie als die Schöpfung Gottes sehe und Gott dafür lobe, kann ich ein Fest feiern, das den Alltag unterbricht und mir Anteil schenkt am Eigentlichen. Plato meint, die Götter hätten sich der Menschen erbarmt und ihnen in ihrer Mühe „als Atempause die wiederkehrenden kultischen Feiertage gegeben und als Festgenossen die Musen und ihre Anführer Apollon und Dionysos". Wenn diese Zustimmung zur Welt, das Einverstandensein mit dem Leben, wie es Gott mir zumutet, nicht gegeben ist, dann wird die Gestaltung der künstlichen Feiertage, die man sich schafft, der „Pseudofeste", wie Pieper sie nennt, „nur eine noch atemlosere Form der Arbeit".

Fest kommt vom lateinischen Wort „festus". Festus und festivus bedeuten festlich, feierlich, aber auch angenehm, lieb, schön. Ein Festtag (dies festus) ist etwas anderes als „feriae", freie Tage, an denen keine Geschäfte üblich sind. Der Festtag ist geprägt von einer klaren Gestaltung der Zeit, von kultischen Feiern, von feierlichem Mahl, von Spiel und Musik. Feste bedeuten Unterbrechung des Alltags, Erhebung über den Alltag, Steigerung des Lebens, weil Gott selbst einbricht in unser Leben. Das Fest verbindet uns mit dem Ursprung unseres Lebens und ist zugleich Vorwegnahme der Zukunft. Wir feiern Gottes Möglichkeiten mit uns. Wir feiern die ewige Sabbatruhe Gottes. Aber diese Sabbatruhe ist nicht Nichtstun, sondern Genießen der Welt, Feiern der Welt, Feiern unseres Lebens, weil unser Leben lebenswert ist, weil es von Gott berührt, geheilt, erhoben, von Gott durchdrungen und verwandelt ist. Gerade weil wir im Fest Anteil haben an Gottes Wirklichkeit, finden wir darin mehr Erholung und Rekreation als in der oft allzu betriebsamen Freizeit. Clemens von Alexandrien meint allerdings, da unser Leben ein dauerndes Fest sei, bräuchten wir keine extra Festtage. Wenn unser Leben ein dauerndes Fest ist, das wir mit Gott feiern, wenn wir uns täglich bewußt werden, daß wir in Gottes heilender und liebender Nähe leben und daß wir aus seiner Gnade heraus wirksam werden, dann sind wir bei allem, was wir tun, geborgen bei Gott, dann feiern wir auch unsere Arbeit als Fest der Schöpfung. Dann ist die Arbeit keine Last, sondern Lust an dem Fest, das wir immer mit Gott feiern. Dann ist unser Alltag nicht geprägt von Hektik und Hetze, sondern von der Ruhe, die aus dem Wirken Gottes kommt.

Das Fest, das uns in die Ruhe führt, feiert immer Gottes Tun an uns. Das wahre Fest besteht daher im Lobpreis Gottes. Im Lob Gottes kommt das menschliche Herz zur Ruhe. Wir sind sowohl spirituell wie psychologisch ständig auf der Suche, unsere Probleme zu lösen. Wir möchten unsere Angst in Griff bekommen, wir möchten unsere depressiven Verstimmungen überwinden. Aber immer wenn wir etwas in Griff bekommen möchten, kommen wir nie zur Ruhe. Immer muß ich Angst haben, daß das, was ich da im Griff habe, wieder mächtig wird, sobald ich die Hand loslasse. Es geht nicht darum, unsere Ängste und Depressionen, unsere Leidenschaften und Emotionen in Griff zu bekommen. Vielmehr geht es darum, sich mit ihnen auszusöhnen und aus ihnen heraus Gott zu loben. Das hat Henri Nouwen als seine wichtigste Einsicht aus seinem Aufenthalt in der Trappistenabtei Genesee erkannt. Er hatte gedacht, durch die Ruhe bei den Trappisten seine Probleme loslassen zu können. Aber schon kurze Zeit später hatten ihn seine depressiven Verstimmungen von neuem im Griff. Da erkennt er: „Klöster baut man nicht, um Probleme zu lösen, sondern um Gott mitten aus den Problemen heraus zu loben." Wenn ich Gott mitten aus den Turbulenzen meines Lebens heraus, mitten aus den ungelösten Konflikten und unaufgearbeiteten Problemen heraus lobe, dann bestimmen sie mich nicht mehr. Ich werde gelassen und ruhig. Das Fest ist Ausdruck dieser Gelassenheit mitten in einer Welt, in der so vieles ungelöst ist. Wenn wir mit dem Fest warten wollen, bis wir die Probleme unserer Welt gelöst haben, könnten wir nie ein Fest feiern, dann könnte der Teufelskreis unserer Probleme und unseres Kreisens um sie nie unterbrochen werden. Das Fest ist heilsame Unterbrechung. Es verschafft uns Ruhe mitten in der Unruhe unserer Zeit. Aber diese Ruhe erfahren wir wohl nur, wenn wir Gott bei unseren Festen einbrechen lassen in unser Leben, wenn wir auf den Schöpfer schauen und ihn gemeinsam loben. Wenn wir bewußt die Feste feiern, die Gott uns als heilsame Unterbrechung gewährt, dann ahnen wir auch, daß – wie Clemens von Alexandrien sagt – unser Leben ein dauerndes Fest ist, ein dauerndes Lob Gottes, in dem wir den Teufelskreis von Hetze und Ruhelosigkeit unterbrechen und an Gottes Ruhe mitten in der Unruhe unserer Zeit teilhaben.

Im Schatten seines Baumes
Schluss

Nichts ersehnt der Mensch heute mehr, als daß er zur Ruhe kommt, daß er nicht nur äußere, sondern auch innere Ruhe findet. Er leidet an der Unruhe unserer Zeit, am Lärm, der ihn umgibt, an der Hektik, die ihn zu Tode hetzt. Aber in seiner Sehnsucht nach wirklicher Ruhe leidet der Mensch zugleich an seiner Unfähigkeit, wirklich ruhig zu werden. Die wenigen Augenblicke, die er sich gönnt, um einmal von allem abzuschalten, führen ihn nicht zur Ruhe, sondern konfrontieren ihn mit dem inneren Lärm, mit seinen lauten Gedanken, seinen Sorgen, seinen Ängsten, seinen Schuldgefühlen, seinen Ahnungen, daß sein Leben wohl doch nicht so läuft, wie er es sich einmal erträumt hat. Und so läuft er vor diesen unangenehmen Augenblicken der Stille davon und betäubt sich wieder mit dem Lärm, der von allen Seiten auf ihn einströmt. Er flieht wieder in die Beschäftigung, um seiner so unbequemen Wahrheit aus dem Weg zu gehen.

Die Gedanken dieses Buches haben gezeigt, daß der Weg

zur wahren Ruhe nur über die eigene Wahrheit führt und daß es ein höchst anspruchsvoller Weg ist, ein Weg, der letztlich von mir und meinen Sorgen wegführt und in Gott hinein mündet. Das Wort des hl. Augustinus vom unruhigen Herzen, das nur in Gott Ruhe findet, ist nicht nur ein frommes Wort, sondern es entspricht unserer tiefsten Erfahrung. Wir selbst können unser unruhiges Herz nicht beruhigen. Wir können unsere Ängste nicht selbst besänftigen, wir können unsere Schuldgefühle nicht selbst entkräftigen, wir können unserem eigenen Schatten nicht davonlaufen. Wir brauchen den Baum, in dessen Schatten wir ausruhen können, ohne von unserem Schatten geängstigt zu werden. Wir brauchen Gott, in dessen Schutz wir geborgen sind, in dessen Liebe wir erahnen dürfen, daß wir bedingungslos angenommen sind, daß alles in uns sein darf, auch die Unruhe, auch die quälenden Sorgen und Ängste. Weil vor Gott alles sein darf, weil wir vor Gott alles zeigen dürfen, was in uns ist, kann in seiner Nähe die tödliche Flucht vor uns aufhören. So können wir uns im Schatten seines Baumes niederlassen und die wahre Ruhe finden, nach der wir uns alle so sehr sehnen.

Literatur

Pierre Adnäs, Hésychasme, in: DS VII 381–399.

Augustinus, Bekenntnisse, übers. von Hermann Hefele, Jena 1939.

Die Benediktsregel. Eine Anleitung zu christlichem Leben, übers. u. erklärt von Georg Holzherr, Einsiedeln 1980.

Otto Betz, Das Geheimnis der Zahlen, Stuttgart 1989.

Pascal Bruckner, Ich leide, also bin ich. Die Krankheit der Moderne, Weinheim 1996.

Meister Eckhart, Ewigkeit inmitten dieser Zeit, ausgew. und eingel. von Karin Johne, Einsiedeln 1983.

Evagrius Ponticus, Praktikos. Über das Gebet, Münsterschwarzach 1986.

Erich Grässer, Der Brief an die Hebräer, Einsiedeln o. J.

Johannes Cassian, Gott suchen – sich selbst erkennen, ausgewählt, übertragen und eingeleitet von Gertrude und Thomas Sartory, Freiburg 1993.

Ulrich Luz, Das Evangelium nach Matthäus, Zürich 1985 und 1990.

Henri Nouwen, Aus dem Kelch trinken, Freiburg 1997.

Josef Pieper, Tradition als Herausforderung, München 1963.

C. Schneider, Anapausis, in: RAC I 414–418.

Rudolf Walter (Hrsg.), Laß dir Zeit. Entdeckungen durch Langsamkeit und Ruhe, Freiburg 1997.

Weisung der Väter (Apophthegmata Patrum), übers. von B. Miller, Trier [3]1986.

P. Wilpert, Ataraxie, in: RAC I 844–854.

Augustinus K. Wucherer-Huldenfeld, Maskierte Depression und „Trägheit“ in der klassischen Achtlasterlehre. Zur Aktualität und Frühgeschichte christlicher Spiritualität und „Psycho-therapie“, in: Ev. Theol. (4) 1997, 338–363.